Astrología predictiva

Desvele los secretos ancestrales en torno a los números, la adivinación y la astrología

© Copyright 2023

Todos los derechos reservados. Ninguna parte de este libro puede ser reproducida de ninguna forma sin el permiso escrito del autor. Los revisores pueden citar breves pasajes en las reseñas.

Descargo de responsabilidad: Ninguna parte de esta publicación puede ser reproducida o transmitida de ninguna forma o por ningún medio, mecánico o electrónico, incluyendo fotocopias o grabaciones, o por ningún sistema de almacenamiento y recuperación de información, o transmitida por correo electrónico sin permiso escrito del editor.

Si bien se ha hecho todo lo posible por verificar la información proporcionada en esta publicación, ni el autor ni el editor asumen responsabilidad alguna por los errores, omisiones o interpretaciones contrarias al tema aquí tratado.

Este libro es solo para fines de entretenimiento. Las opiniones expresadas son únicamente las del autor y no deben tomarse como instrucciones u órdenes de expertos. El lector es responsable de sus propias acciones.

La adhesión a todas las leyes y regulaciones aplicables, incluyendo las leyes internacionales, federales, estatales y locales que rigen la concesión de licencias profesionales, las prácticas comerciales, la publicidad y todos los demás aspectos de la realización de negocios en los EE. UU., Canadá, Reino Unido o cualquier otra jurisdicción es responsabilidad exclusiva del comprador o del lector.

Ni el autor ni el editor asumen responsabilidad alguna en nombre del comprador o lector de estos materiales. Cualquier desaire percibido de cualquier individuo u organización es puramente involuntario.

Su regalo gratuito

¡Gracias por descargar este libro! Si desea aprender más acerca de varios temas de espiritualidad, entonces únase a la comunidad de Mari Silva y obtenga el MP3 de meditación guiada para despertar su tercer ojo. Este MP3 de meditación guiada está diseñado para abrir y fortalecer el tercer ojo para que pueda experimentar un estado superior de conciencia.

https://livetolearn.lpages.co/mari-silva-third-eye-meditation-mp3-spanish/

Tabla de contenidos

TABLA DE CONTENIDOS 6
INTRODUCCIÓN 1
CAPÍTULO 1: INTRODUCCIÓN A LA ASTROLOGÍA PREDICTIVA 3
CAPÍTULO 2: LOS PLANETAS Y SUS NÚMEROS 6
CAPÍTULO 3: LOS SIGNOS DEL ZODÍACO 28
CAPÍTULO 4: LAS DOCE CASAS 61
CAPÍTULO 5: LOS PRINCIPALES ASPECTOS PLANETARIOS 77
CAPÍTULO 6: COMPRENDER LAS PROGRESIONES ASTROLÓGICAS 81
CAPÍTULO 7: TRÁNSITOS DE PLANETAS EXTERIORES 89
CAPÍTULO 8: TRÁNSITOS PLANETARIOS INTERIORES 95
CAPÍTULO 9: LECTURA DE UNA CARTA ASTROLÓGICA 100
CAPÍTULO 10: RETORNOS SOLARES Y LUNARES 106
GLOSARIO DE GLIFOS 109
CONCLUSIÓN 112
VEA MÁS LIBROS ESCRITOS POR MARI SILVA 114
SU REGALO GRATUITO 115
REFERENCIAS 116

Introducción

Querido lector, no es casualidad que haya dado con este libro. Todo en el universo funciona a través de la sincronización divina. Las circunstancias que le han conducido a este libro eran ciertas, estaban planeadas y aquí está usted, leyendo estas palabras.

Entonces, ¿por qué está aquí? ¿Es mera curiosidad? ¿Es usted un astrólogo principiante que busca más conocimientos astrológicos? ¿Desea convertirse en un profesional en el arte de la Astrología predictiva?

Sea cual sea su respuesta, ha llegado al lugar adecuado. Este libro no analiza superficialmente los signos solares y algunas características frívolas sobre quién es usted. Al contrario, este libro profundiza en el conocimiento sagrado de los planetas, los signos, las casas, las colocaciones, los aspectos, la numerología, etc.

Usted se ve afectado constantemente por diversas energías ambiguas y ya es hora de que se familiarice con estas misteriosas influencias. ¿Qué quieren de usted? ¿Cómo funcionan? ¿Por qué le afectan de esa manera? ¿Cómo interpretar los movimientos de los planetas y descifrarlos? Es hora de que conozca su posición en el universo, su identidad real y su verdadero camino durante esta vida.

Puede que sienta que los conocimientos de este libro son desalentadores, pero no hay razón para preocuparse. Este libro está perfectamente diseñado para cualquier principiante. Incluso si no sabe mucho sobre el tema, descubrirá que todo lo que aquí se expone es fácil de asimilar y comprender.

También podrá practicar lo que ha aprendido. Encontrará instrucciones claras que le guiarán y le ayudarán con las predicciones astrológicas. Cuanto más practique lo aprendido, más fácil le resultará el proceso de aprendizaje. Se convertirá en un ávido estudiante de astrología en muy poco tiempo e interpretará el movimiento de los planetas con facilidad.

Capítulo 1: Introducción a la astrología predictiva

Los antiguos egipcios creían que el poder del Año Nuevo les era infundido bajo la constelación Draconis
https://www.pexels.com/photo/people-toasting-wine-glasses-3171837/

La Astrología surgió con la aparición de las grandes civilizaciones primitivas del hombre. El registro más antiguo de la Astrología se encuentra en las paredes de las estructuras del Antiguo Egipto.

Celebraban el Año Nuevo bajo la constelación Draconis, que contiene los nodos Norte y Sur. Creían que el poder que les infunde el Año Nuevo bajo esta constelación es una conexión con su conciencia interior.

Más tarde, los antiguos babilonios observaron los movimientos celestes y se dieron cuenta de que cada mes había una constelación diferente que aparecía de forma más prominente que otras en los cielos. También observaron el movimiento de los planetas y situaron asociaciones especiales con sus dioses en estos movimientos. También creían que estos movimientos portaban mensajes.

Estas dos civilizaciones allanaron el camino a la Astrología Occidental, de la que se hablará en este libro. Los orígenes de la Astrología occidental proceden de los antiguos griegos, que dieron nombre a las constelaciones del zodiaco. Basándose en sus observaciones, creían que cada signo del zodiaco aportaba ciertas características que serían más prominentes. Así fue como Piscis se convirtió en el signo emocional y soñador y Capricornio en el gran capataz.

Al igual que los babilonios, los romanos dieron a los planetas el nombre de sus dioses, pero esta vez los suyos se han quedado para siempre. A día de hoy, los planetas siguen teniendo sus antiguos nombres romanos.

Tanto los griegos como los romanos utilizaban la astrología como forma de adivinación. Sin embargo, con el paso de los siglos, la astrología se convirtió más en pseudociencia que en ciencia real y se terminó creyendo menos en ella. Todo eso cambió después de que Carl Jung publicara un libro en el que hablaba de la psicoastrología, que relacionaba la Astrología y la psique humana. Después de eso, la Astrología volvió a despegar y se convirtió en la astrología avanzada que conocemos hoy en día.

La Astrología trabaja mano a mano con el principio hermético: "Tal y como es arriba, es abajo". Cada planeta y signo llevan diferentes energías en su interior y, al orbitar juntos, irradian energías que afectan a la humanidad. Estas energías se reflejan en quién es usted, el entorno en el que ha nacido y hacia dónde se dirige su vida. A través de la Astrología, puede prever los acontecimientos venideros, su crecimiento y en quién se convertirá.

La Astrología también está fuertemente vinculada a la Numerología, otra pseudociencia que correlaciona los números con los acontecimientos de la vida y con quién es usted como persona. La idea es que todo el mundo tiene una trayectoria vital y sea cual sea este número, está conectado a uno de los planetas. Esto significa que usted está conectado energéticamente a este planeta a través de la Numerología y la Astrología.

En los próximos capítulos, aprenderá sobre el poder de los planetas, lo que representa cada uno, su efecto en su vida cotidiana y su influencia sobre usted. También leerá sobre los diferentes signos y casas del zodiaco que aparecen en su carta astral. Averiguará lo que significan y representan.

Tras acumular estos conocimientos astrológicos, podrá echar un vistazo a su pasado, presente y futuro. Su carta natal puede justificar a fondo su pasado, explicar su presente y darle la previsión para ver el futuro. Una vez que comprenda cómo leer su carta natal y, lo que es más importante, cómo utilizarla, podrá satisfacer su curiosidad y responder a cualquier pregunta que haya rondado sin cesar por su mente.

Capítulo 2: Los planetas y sus números

Últimamente, las redes sociales se han inundado de astro charlas sobre los "tres grandes", el sol, la luna y el signo ascendente. Se ha hecho tan popular que la pregunta ahora es: "¿Cuáles son sus tres grandes?" en lugar de: "¿Cuál es su signo solar?".

No cabe duda de que estos cuerpos astrológicos tienen las claves de nuestros planos, pero ¿son los únicos que guardan esos secretos? En absoluto. Solo son una parte de un rompecabezas mayor. Entonces, ¿qué pasa con el resto? Si se pregunta esto ya es hora de que empiece a indagar más en profundidad. Empecemos por el sol.

El Sol

Glifo: ☉

El sol es el núcleo del sistema solar y también es el núcleo de la personalidad en la carta natal. Puede que no sea un planeta, pero es un poderoso cuerpo luminoso que da forma a su identidad y expresa quién es usted.

Su colocación en la carta natal representa la lucha de la individualización, el ego, la energía, las figuras de autoridad, la capacidad creativa y la forma en que los humanos asumen los retos. Esta estrella gigante tiene una energía masculina innegable. Por eso representa figuras masculinas, incluido el padre. Sin embargo, la forma en que está representado depende de la casa en la que se encuentre el sol y del signo, así como del tipo de aspectos que comparta con los demás planetas.

Es bien sabido que el sol rige Leo, afectando naturalmente a partes del cuerpo como la parte superior de la espalda, el timo, el corazón y la médula espinal.

En numerología, el número uno representa el liderazgo y la independencia, características similares a las que representa el sol. No es de extrañar que el número uno se asocie con el astro gigante.

También es importante señalar que cada cuerpo luminoso y planeta reacciona de forma diferente bajo determinados signos. Cuando un planeta está exaltado bajo un signo específico, da todo su poder y cuando está en caída, su energía disminuye notablemente.

¿Ha adivinado ya bajo qué signo está exaltado el Sol? Podría suponerse que es Leo, pero es Aries. El sol está domiciliado en Leo, lo que significa que desprende una buena cantidad de energía, ya que tiene el dominio sobre este signo.

Sin embargo, se encuentra en detrimento en Acuario, por lo que, como astrólogo, debe esperar de él la menor cantidad de energía. Sin embargo, esto no termina aquí. Esta estrella está en otoño en Libra, considerada la posición más débil para ella.

Aunque hay otros cuerpos luminosos y planetas que influyen en la vida de los humanos, el sol es uno de los cuerpos celestes más vitales a tener en cuenta por la cantidad de poder que posee y por cómo moldea la personalidad de cada uno. Por eso la gente siempre pregunta por los signos solares más que por cualquier otra cosa. Solo quieren saber quién es uno en su esencia y por eso los astrólogos comprueban el signo solar de un cliente antes de comprobar el resto.

Palabras clave:
- Individualización
- Ego
- Confianza
- Expresión creativa
- Conciencia
- Vitalidad

Signo: Leo
Casa: 5ª
Elemento: Fuego
Símbolo: Escudo de Apolo
Día de la semana: Domingo
Número: 1

La Luna

Glifo: ☾

La luna siempre ha sido un cuerpo luminoso místico al que la humanidad ha tenido en gran estima y por una buena razón. Esta esfera brillante influye en las emociones y rige la intuición. Puede sentir fácilmente su hermosa energía femenina cuando conecta con sus emociones, escucha su intuición y se permite ser vulnerable. La luna también influye en su lado nutritivo y en sus instintos maternales.

Uno de los datos clave sobre la luna es que está exaltada en Tauro, domiciliada en Cáncer, en detrimento en Capricornio y cae en Escorpio. Rige el estómago, ya que es un cuerpo luminoso que se asocia con la maternidad y la crianza.

En numerología, la Luna está asociada al número dos. Las personas que están representadas por este número son sensibles, intuitivas, emocionales, cariñosas, serviciales y muy afectuosas. Estas características reflejan lo que es la luna y resuenan profundamente en los nativos del número dos.

Regente de la cuarta casa y de Cáncer, la Luna describe su relación con su madre y podría darle pistas sobre la esencia de su esposa. Dependiendo de su colocación en su carta natal, podría decirle cómo trata su yo emocional, si lo atiende o lo ignora. Para entenderlo mejor, debe comprobar en qué fase lunar nació.

Las personas de luna nueva son más entusiastas a la hora de iniciar proyectos. Como reflejo de la nueva fase, suelen estar rebosantes de energía fresca. Sin embargo, esto viene acompañado de un poco de ingenuidad y de una incapacidad para establecer límites reales consigo mismos y con los que les rodean.

La segunda fase de la luna, también conocida como creciente, está centrada en el crecimiento. Los individuos nacidos bajo esta fase están naturalmente orientados al crecimiento, son progresistas y dinámicos. Estos humanos casi rezuman vitalidad y hay una frescura innegable en ellos. Su inconveniente tiene que ver con la superación de su pasado. Suelen aferrarse a él durante mucho tiempo y no saben cómo dejarlo ir.

Por otro lado, las personas de primer trimestre se ven impulsadas a la acción por una agitación emocional la mayor parte del tiempo. Este conflicto interno les impulsa a pasar a la acción, lo que les lleva a proyectarlo en los demás. En general, es divertido estar con ellos porque son apasionados y su empuje es contagioso. Los primeros cuartos siempre saben cómo hacer que las cosas sucedan. Tienen una actitud agresiva a la hora de enfrentarse a la vida, por lo que a menudo se sienten confusos cuando sus seres queridos no reflejan el mismo fogoso estado de ánimo.

Al igual que la media luna creciente, las almas de luna gibosa están orientadas al crecimiento. Buscan la iluminación y la educación a lo largo de su vida. También tienen el impulso de ayudar a su comunidad o beneficiar a la sociedad. Suele ser esclarecedor estar cerca de ellos porque suelen ser generosos con sus conocimientos. Sin embargo, a menudo se encuentran desconcertados a la hora de comprenderse a sí mismos y al universo.

Esto nos lleva a la luna llena. Las personas nacidas bajo esta fase están llenas de potencial y energía, casi reflejando la brillante luz de la luna. Su entusiasmo e iluminación son inspiradores y su talento indiscutible. A menudo tienen problemas emocionales y se encuentran divididos entre sus problemas emocionales y mentales. Sin embargo, esta división interior se siente intensamente y la mayoría de sus revelaciones atraviesan esta gruesa capa de conflicto interior.

Nacidos bajo la fase difusora, estos individuos son mensajeros espirituales o políticos y a veces son ambas cosas. Son conocidos por su sentido del humor y su generosidad con el conocimiento. Como una polilla a la llama, atraen a los amantes, pero eso no siempre les asegura un final feliz en lo que a su vida amorosa se refiere.

Al igual que el primer trimestre, los del tercer trimestre experimentan graves conflictos internos. Sin embargo, lo interiorizan todo en lugar de proyectar este estrés en los demás. Están muy seguros de sí mismos, especialmente en lo que se refiere a ideologías y principios personales.

La flexibilidad no está en su diccionario y se toman las críticas muy a pecho. Su sentimentalismo suaviza su comportamiento distante y su independencia es a menudo inspiradora.

Conocidos por su perspectiva ilustrada, los individuos de cuarto creciente menguante están en armonía consigo mismos y con los demás. Las perspectivas de los demás sobre la vida no les molestan lo más mínimo y son almas muy del tipo vive y deja vivir. Tienen un fuerte sentido de sí mismos y a veces desearían que los demás vieran la sencillez de la vida como ellos.

Frente a la luna nueva, la luna oscura es la última fase lunar. Las personas nacidas bajo esta fase se encuentran atraídas por un destino vital dirigido por el universo. A menudo son proféticos y están dispuestos a sacrificarse por una causa que podría alterar la vida para mejor. Son un tipo peculiar de visionarios, por lo que otros sienten que los de la luna oscura trabajan para algo mucho más grande que ellos mismos. La mayoría de ellos tienen talento artístico y su trabajo destaca.

Palabras clave:
- Emociones
- Intuición
- Habilidades psíquicas
- Seguridad
- Nutrir
- Madre
- Hogar
- Raíces

Signo: Cáncer
Casa: 4ª
Elemento: Agua
Símbolo: Una media luna
Día de la semana: Lunes
Número: 2

Nodos lunares

Conocidos como los Nodos Lunares, el Nodo Norte y el Nodo Sur no son cuerpos planetarios en el espacio, sino puntos calculados uno frente al otro. Se calculan en función de la relación entre el sol, la luna y la hora de nacimiento.

La idea que subyace a los nodos es que las almas entran en la Tierra con cualidades sobre desarrolladas y subdesarrolladas de una vida pasada. Al revelar su destino kármico, los nodos actúan como una guía para los humanos conduciéndoles a su camino.

Los nodos lunares transitan cada 18 meses, así que recuerde que se trata de un signo universal para empezar a trabajar diferentes aspectos de usted mismo cada vez que cambia de signo. Compruebe qué tipo de aspectos tienen con sus nodos lunares natales, si es que los hay.

No tienen necesariamente un regente como otros signos, sino que están regidos por el signo al que pertenecen. Una forma fácil de saber qué planeta rige sus nodos lunares es comprobar qué planetas rigen los dos signos que ocupan sus nodos lunares.

Nodo lunar norte

Glifo: ☊

En pocas palabras, el Nodo Norte ilumina el camino que su alma debe seguir. No sentirá necesariamente que debe seguir este camino, pero sí como si le empujaran amablemente hacia una determinada vía. Una vez que siga este camino, sentirá que pertenece a él. Sentirá que es el lugar que le corresponde, como si debiera haber estado ahí todo el tiempo. Sin embargo, no se preocupe. Si se siente perdido, la lucha general forma parte del camino.

Nodo Lunar Sur

Glifo: ☋

Opuesto a su hermana lunar, el Nodo Sur muestra aquello en lo que usted ya es bueno. Piense en él como una lista de sus dones naturales. Estas cualidades naturales le ayudarán en su vida, pero confíe demasiado en ellas y se convertirán en una trampa.

Glifo de Lilith de la Luna Negra: ⚸

Similar a los Nodos, la luna negra no es un cuerpo flotante en el espacio, sino que se refiere a un punto en el que la luna está más alejada de la tierra. Este emplazamiento geométrico recibe su nombre de la mítica Lilith. Se cree que fue la primera esposa de Adán y que le abandonó porque rechazaba su superioridad. Sin embargo, Lilith es vista como una mujer liberada, rebelde y autónoma. Esto arroja luz sobre lo que significa la luna oscura en su carta natal.

Dependiendo de su colocación en su carta, Lilith revela la naturaleza de su yo en la sombra y de quién es usted en el fondo. Muestra la presencia o ausencia de autoridad interior, poderes seductores, sensualidad y liberación. También arroja luz sobre su comportamiento obsesivo o autodestructivo y le insta a modificarlo.

La misma lógica se aplica cuando la luna oscura está en tránsito. Permanece nueve meses en un signo y luego transita a otro. Cuando aterriza en otro signo y casa, le anima a pensar en las cualidades que representa esta colocación para ser consciente de cómo podría comportarse durante este periodo. Recuerde comprobar los aspectos de la luna oscura con su Lilith natal.

Mercurio

Glifo: ☿

Ahora que ya sabe qué influye en su personalidad y sus emociones, es el momento de presentarle a Mercurio. Este planeta revela la naturaleza de la mente, cómo funciona y cómo reacciona y se expresa. Para entenderlo mejor, puede fijarse en dónde se encuentra su Mercurio. Si está en Sagitario, usted piensa como este signo; tiene un cerebro lleno de curiosidad. Su mente está más en sintonía con las humanidades, le atrae la filosofía y dedica tiempo a pensar en el sentido de la vida. La misma lógica se aplica a cualquier otro signo y casa.

Mercurio es el planeta más cercano al sol, por lo que si su signo solar está en Cáncer, su Mercurio podría estar en Leo. Dicho esto, localizar la colocación de este planeta no debería ser difícil. Por lo general, precede o precede al sol.

Mercurio representa en astrología la comunicación, la tecnología, el transporte, la autoexpresión, el intelecto y las facultades mentales en general. La forma de hablar, escribir y realizar las actividades cotidianas está influida por este planeta. Rige tanto al enérgico Géminis como al disciplinado Virgo y las casas 3ª y 6ª. Está exaltado en Virgo, domiciliado en Géminis, detrimento en Sagitario y caída en Piscis.

Este cuerpo celeste también influye en los sistemas respiratorio y nervioso, por lo que suele ser una buena idea cuidarlos más cuando está retrógrado. Por desgracia, muchas cosas pueden ir mal durante un retrógrado. Por eso la gente tiende a desconfiar, sobre todo cuando los astrólogos les aconsejan que nunca se sometan a una operación ni firmen ningún contrato durante esta época del año.

El razonamiento que subyace a este recelo es sencillo. Este planeta ejerce una poderosa influencia sobre la tecnología y nuestras mentes. Pasar por el quirófano podría ser peligroso porque las máquinas de alta tecnología pueden volverse locas y quizá la mente del médico no esté tan concentrada. La misma lógica se aplica a los contratos. Podría ser más propenso a saltarse algunos párrafos vitales o a malinterpretar algunas palabras que podrían ser perjudiciales para su carrera.

Es relativamente fácil ver por qué Mercurio tiene mala fama, pero es esencial recordar que la mayor parte del tiempo, solo le ayuda y le da el poder de estar centrado y expresarse con autenticidad.

Ahora que tiene una buena idea de lo que Mercurio representa en astrología, es hora de mirarlo a través de la lente de la numerología. Este planeta tiene una conexión con el número cinco. Por lo general, los nativos de este número encarnan las características típicas de Mercurio. Son vivaces, inteligentes, aventureros y comunicativos.

Palabras clave:
- Mente
- Pensamiento
- Comunicación
- Intelecto
- Tecnología
- Transporte
- Autoexpresión

Signos: Géminis y Virgo
Casas: 3ª y 6ª
Elementos: Aire y Tierra
Símbolo: Caduceo de Mercurio
Día de la semana: Miércoles
Número: 5

Venus

Glifo: ♀

El planeta del amor, Venus, es uno de los cuerpos celestes más populares entre los nuevos enamorados. Este planeta influye mucho en la vida amorosa, en las relaciones íntimas pasajeras y en la forma de amar y mostrar afecto. También revela algunas verdades sobre la sensualidad, las manías y la sexualidad femenina.

Este planeta centrado en el amor rige tanto Libra como Tauro y las casas 2ª y 7ª. Está exaltado en Piscis, domiciliado en Libra y Tauro, en detrimento en Aries y caído en Virgo. Rige los riñones, las venas y los ovarios cuando se trata de las funciones corporales.

La posición de Venus es vital en lo que se refiere a las relaciones. Normalmente, los clientes preguntan por la colocación de su pareja para saber más sobre su lenguaje amoroso y cómo le gusta que le quieran. La cuestión es que no todo el mundo es consciente de lo que le gusta en las relaciones íntimas. Estos temas son turbios para ellos y puede que no sean conscientes de su estilo.

Así es como Venus ilumina a la gente. Hay muchas parejas a las que les gusta comparar su signo de Venus con el de su pareja. Esto arroja mucha luz sobre cómo pueden mostrar afecto en la relación y apoyarse armoniosamente.

Aparte de la vida amorosa humana, este planeta también rige el arte. Piense en la música, la pintura, la fotografía y cualquier tipo de actividad que requiera creatividad. Venus rige esta faceta artística suya. Le indica qué tipo de arte le gusta y cómo prefiere expresarse creativamente. Por eso también rige el bello equilibrio y el arte de Libra.

Venus también rige las finanzas y todo lo relacionado con el dinero, lo que lleva a Tauro a su redil. Si quiere saber más sobre cómo llega el dinero a su vida, con qué rapidez o lentitud y sobre su relación con él, quizá le interese comprobar en qué signo y casa se encuentra su Venus.

Ya se habrá dado cuenta de que este planeta influye en varios aspectos de la vida que tienen que ver con los sentimientos. En otras palabras, este planeta co-rige las emociones relacionadas con las relaciones románticas junto con la luna.

Esta armonía entre Venus y la Luna indica que tienen una gran energía femenina e influencia sobre los órganos femeninos. Sin embargo, esto no significa que los hombres no puedan relacionarse con ninguno de los dos cuerpos celestes, porque al fin y al cabo toda la humanidad tiene tanto energía femenina como masculina. Se puede afirmar que tanto si es mujer como si es hombre, cualquiera de los dos cuerpos luminosos ejerce una gran influencia sobre usted y es vital que investigue lo que eso significa para usted.

Este planeta mantiene una relación armoniosa con el número seis y los nativos de este número reflejan las características venusinas. Es fácil identificar a estas personas por su sentido del estilo y la moda. Les encanta ser admirados y saber que son deseados. Disfrutan especialmente con los artículos de lujo y la comida sabrosa y son aficionados a todo tipo de arte. Es fácil que caigan en un estilo de vida hedonista y se les suele advertir contra ello.

Palabras clave:
- Arte
- Vida amorosa
- Afecto
- Sexualidad femenina
- Sensualidad
- Seducción
- Hedonismo
- Energía femenina
- Belleza estética
- Relaciones
- Finanzas

Signos: Libra y Tauro
Casa: 7
Elementos: Aire y Tierra
Símbolo: Cruz femenina
Día de la semana: Viernes
Número: 6

Marte

Glifo: ♂

En astrología, Marte y Venus son las caras opuestas de una misma moneda. Planeta energético, Marte es responsable de la energía, la supervivencia, la guerra, el deseo, la afirmación y la agresividad de la humanidad. También influye mucho en la sexualidad de los hombres, la vida sexual y la libido de ambos sexos.

Este planeta rige Aries y la casa 1. También se considera un subregente de Escorpio. Está exaltado en Virgo, domiciliado en Aries y Escorpio, en detrimento en Tauro y Libra y caído en Cáncer. Rige la vejiga, los genitales masculinos y el sistema muscular. La astrología médica dice que puede provocar quemaduras, cortes, enfermedades de transmisión sexual y accidentes.

Muchas personas buscan su colocación de Marte porque quieren saber más sobre el tipo de energía que tienen y dónde se expresa más. Algunas luchan contra la falta de energía y quieren saber cómo pueden poner en marcha su Marte o cómo trabajar con el que tienen.

Esto suele ocurrir cuando este planeta está afligido por otro planeta o aspecto que le está chupando la energía. Otros sienten que tienen demasiada energía y esta se convierte en un comportamiento volátil o agresivo y quieren saber cómo pueden canalizar esta energía de formas más saludables.

Otros luchan con un Marte maléfico en su carta natal. En astrología, maléfico significa traer mala fortuna o influir en el mal comportamiento. Se asocia con Marte y Saturno. Esto ocurre cuando el planeta se sitúa en un signo que sofoca su energía o que acentúa los rasgos más negativos de Marte. Cuando se sofoca la energía de Marte, se producen problemas de ira y un temperamento incontrolable. A veces, los aspectos difíciles sacan a la superficie la agresividad y el control de Marte, lo que da lugar a relaciones volátiles.

Desde un punto de vista más positivo, hay formas de sanar una colocación maléfica. Puede empezar por averiguar en qué signo y casa se encuentra su planeta. Una vez hecho esto, es el momento de enumerar todos sus aspectos con otros planetas. Ahora que ya ha pasado la parte fácil, puede empezar a analizar y ver cómo se manifiesta el poder maléfico de Marte en su vida.

Es importante tener en cuenta que la astrología le dice con qué ha nacido y cómo puede cambiarlo si es necesario. Estas características pueden cambiarse si usted trabaja en ellas. Hay mucho que sanar y eso es exactamente lo que los planetas maléficos le guían a hacer.

Los nativos del número 9 tienen una gran energía de Marte. Pueden ser competitivos, enérgicos y estar llenos de motivación. Algunos de ellos tienen altos impulsos sexuales y a menudo lidian con problemas de ira. Pueden canalizar eficazmente a ambos lados de Marte. La clave aquí es el equilibrio y suele ser fácil de establecer una vez que se descubre cómo manejar toda la abundante energía.

Palabras clave:
- Energía masculina
- Impulso
- Energía
- Autoconservación
- Libido
- Sexualidad masculina
- Agresión
- Furia
- Impulsividad

Signo: Aries
Casa: 1ª
Elemento: Fuego
Símbolo: Escudo de Marte
Día de la semana: Martes
Número: 9

Júpiter

Glifo: ♃

Favorito de muchos, Júpiter promete fortuna y sabiduría, sobre todo cuando se encuentra en un emplazamiento favorable. Este planeta influye en la educación superior, la suerte, la abundancia, la espiritualidad, los viajes, las aventuras, los puntos de vista filosóficos y la expansión. Este planeta gigante puede ser una buena medida para el crecimiento personal y espiritual. También puede mostrarle dónde tiene más suerte en la vida o cómo puede ser más afortunado.

Este planeta proporciona a las personas gastos y buena fortuna. Naturalmente, recompensa a los humanos cuando canalizan la misma energía hacia los demás. En otras palabras, a este planeta le gusta que la gente refleje la misma generosidad.

Si ha pasado por una racha de mala suerte, puede intentar sintonizar con el poder de este planeta y canalizarlo siendo generoso o más servicial con los demás necesitados.

Los rasgos menos conocidos son la pereza, la indulgencia y tener expectativas poco realistas y muy optimistas.

Algunas personas piensan que tener una buena colocación significa que no tienen ningún rasgo negativo. Eso no es exactamente cierto. Incluso si el planeta está colocado en una buena casa o signo, puede tener un aspecto duro que resalte sus cualidades menos deseables.

Hablando de colocaciones, Júpiter rige Sagitario y Piscis y la casa IX. Está exaltado en Cáncer, domiciliado en Sagitario y Piscis, en detrimento en Géminis y cae en Capricornio.

El número tres y este planeta van de la mano porque ambos son grandes gastadores. Sin embargo, los nativos del número tres pueden maximizar lo bueno y lo malo de sus vidas. También les gusta construir o crear, lo que se alinea con la energía de Júpiter. Son ayudantes naturales, por lo que a menudo se les encuentra ayudando a los demás, dando consejos o enseñando. Este planeta trata de abordar los problemas de la vida con la perspectiva de un yo superior y eso es exactamente lo que hacen estos nativos.

Palabras clave:
- Mente superior
- Suerte
- Riqueza
- Filosofía
- Educación superior
- Generosidad
- Sabiduría

Signos: Sagitario y Piscis
Casa: 9
Elemento: Fuego
Símbolo: Una cruz con el carácter Z de Zeus
Día de la semana: Jueves
Número: 3

Saturno

Glifo: ♄

Conocido como un gran maestro, a menudo se teme a Saturno por su amplio poder. Este planeta es el responsable de sus lecciones vitales. Le desafiará implacablemente hasta que solucione un determinado problema que le impide crecer.

Saturno rige los compromisos, las debilidades, el crecimiento, las responsabilidades, el control, las restricciones, el trabajo personal, los límites y los miedos. Gobierna Capricornio y es subregente de Acuario, lo que naturalmente lo convierte en el señor de las casas 10 y 11. El planeta también influye en la piel, las articulaciones, los dientes y los huesos. Está exaltado en Libra, dócil en Capricornio, en detrimento en Cáncer y Leo y decae en Aries.

Al igual que Marte, tenga o no aspectos perjudiciales, Saturno se considera un planeta maléfico. Este planeta trae restricciones, enfatiza las limitaciones y resalta las debilidades. Le desafía y conjura pruebas a diestro y siniestro para enseñarle. Algunos ven esto como mala suerte, mientras que otros lo ven como una oportunidad de aprendizaje. Sin embargo, cuando se está bajo presión, es difícil apreciar el proceso de aprendizaje, razón por la que Saturno se considera maléfico.

Ahora que hemos cubierto los aspectos básicos, es hora de exponer por qué la gente teme a Saturno. Este planeta es infame por una razón: el "Retorno de Saturno". Este fenómeno se produce cuando Saturno ha completado un viaje alrededor del sol y regresa a su ubicación en la carta natal. Este viaje dura unos 30 años, lo que significa que lo experimentará tres veces en su vida. Puede esperarlo a finales de los 20, a finales de los 50 y a finales de los 80.

¿Qué ocurre durante este periodo? Bueno, puede esperar cambios significativos en su vida y auténticos desafíos. El tipo de retos que le hacen sentir que el universo conspira contra usted. En realidad, sin embargo, Saturno está intentando ponerle en forma. Conoce su potencial y quién puede llegar a ser en esta vida, así que le endurece. Le ayuda a enfrentarse a sus miedos y le da oportunidades para actuar correctamente por sí mismo.

Durante esta época, es posible que se encuentre con muchas responsabilidades. Podrían ser cualquier cosa, desde relaciones, asuntos financieros, emergencias o incluso la forma en que se muestra ante sí mismo. Cosas como el autocuidado y el amor propio podrían ser un tema aquí.

Cómo se muestren estas responsabilidades depende de quién sea usted y de dónde ponga el límite. La cuestión es que a Saturno no le gustan las auto restricciones; intenta empujarle hasta que se despoje de su viejo yo con todas sus restricciones ilusorias.

Algunas personas experimentan crisis de identidad o sienten que todo se desmorona. No se puede negar que esta fase es desafiante, pero intente recordarse a sí mismo que solo es temporal. Sea amable consigo mismo y quizá al final de su primer viaje de retorno de Saturno, ¡encontrará a un mejor usted esperándole al otro lado!

La fortaleza emocional, la autodisciplina y el amor propio no son características fáciles de conseguir. No se heredan y, la mayoría de las veces, hay que ponerse en una situación tras otra para que estos rasgos se incorporen para siempre.

El efecto del Retorno de Saturno dura unos dos años. Por lo tanto, sentirá su energía, especialmente hacia el final. Si se pone a la altura de las circunstancias y permite que Saturno le ayude a crecer, se encontrará renovado y más maduro. Será como una serpiente que acaba de mudar de piel: fresca y brillante.

Si las cosas no salen según lo previsto, intente abstenerse de machacarse. La autocompasión es aquí la clave. Este planeta nos da más de una oportunidad para elevarnos por encima de nuestras limitaciones autoimpuestas. Al igual que Júpiter, a Saturno también le gusta el crecimiento. Sin embargo, nos da oportunidades diferentes y usted las tendrá más de una vez para poder ser la persona que siempre estuvo destinada a ser.

La energía de Saturno influye mucho en los nativos del número ocho. La numerología dice que estas personas contienen mucha sabiduría y conocimiento interior. Disponen de las herramientas necesarias para emprender su viaje espiritual y no prestan demasiada atención a las ideas mundanas ni se interesan por lo materialista. Este tipo de mentalidad de yo superior les hace sintonizar de forma natural con la energía bruta de Saturno.

Palabras clave:
- Disciplina
- Responsabilidad
- Maestro de tareas
- Crecimiento
- Lecciones de vida
- Restricciones
- Practicidad
- El maestro

Signos: Capricornio y Acuario
Casas: 10 y 11
Elemento: Tierra
Símbolo: La hoz de Chronus
Día de la semana: Sábado
Número: 8

Urano

Glifo: ⛢

Rompedor de la tradición, Urano es el regente de la autonomía, la independencia, la revolución, la ciencia, lo oculto, la astrología, la psicología y los inventos. A este planeta le gusta lo insólito y provoca cambios repentinos, a menudo violentos. No son el tipo de cambios que se ven venir, ni siquiera que se esperan. Pueden parecer fuera de lugar o surgir de la nada. Si usted o alguien en su vida está experimentando algo similar, puede que sea obra del planeta.

No se sabe si estos cambios repentinos son buenos o malos; esto es totalmente subjetivo. Sin embargo, el planeta pretende hacerle crecer más en usted mismo experimentando lo inusual.

Debido a sus cualidades excéntricas, es el regente natural de Acuario y señor de la casa 11. Está exaltado en Escorpio, domicilio en Acuario, detrimento en Leo y caída en Tauro. También rige los tobillos, el sistema nervioso y la electricidad del cuerpo.

La colocación de este planeta es vital. Le indica dónde se encuentra en su momento más inusual o poco tradicional. Deberá comprobar el signo y la casa en la que se aloja para comprender mejor su excentricidad.

A Urano le encanta la libertad y la independencia, así que intente no reprimirse ni minimizar su autonomía. Tanto si es rebelde como si no, la energía de este planeta le llevará a actuar si ha estado restringiéndose. Así que más le vale ser tan libre y auténtico como lo sea su colocación de Urano.

Número cuatro, los nativos son todo innovación, originalidad y rebeldía. También tienden a ser fuertes y humildes. Les encanta sentirse seguros y tener estabilidad en sus vidas, así que puede ver cómo estas personas están en armonía con la energía de Urano.

Palabras clave:
- Cambio
- Independencia
- Despertar
- Creatividad

- Rebeldía
- Inconformismo
- Libertad
- Revolucionario
- Mente superior

Signo: Acuario
Casa: 11
Elemento: Aire
Símbolo: Letra H, por el descubridor Herschel
Número: 4

Neptuno

Glifo: ♆

En astrología, Neptuno es uno de los planetas más sutiles. No es que sea menos poderoso; es que la gente no nota sus efectos de inmediato. Este planeta rige la ilusión, los sueños, las capacidades psíquicas, el subconsciente, la música y el arte. También influye en la iluminación espiritual, el amor universal y la compasión.

Algunos de sus rasgos negativos son el engaño, la confusión, la niebla cerebral, la visión confusa, la adicción y la culpabilidad. Los rasgos que se obtienen de Neptuno dependen de dónde esté situado y de sus aspectos con otros planetas y cuerpos luminosos.

Este planeta rige la glándula pineal, las funciones cinestésicas, las fibras nerviosas y las funciones telepáticas del cerebro en lo que se refiere a la anatomía.

Es el regente natural del soñador Piscis y de la casa 12. Está exaltado en Leo, domiciliado en Piscis, en detrimento en Virgo y caído en Acuario.

La colocación del planeta le indica dónde se está engañando a sí mismo o a los demás. Sin embargo, puede que no se esté engañando a propósito. Neptuno da recuerdos nebulosos a veces, por lo que es posible que no recuerde con exactitud las cosas tal y como fueron, o que su mente esté soltando mentiras sobre quién es usted.

Neptuno rige a las personas con el 7 como número, ya que son igual de espirituales e iluminadas. También son igual de imaginativos y artísticos que el planeta. Podrían caer fácilmente en sus fantasías respecto a sus círculos sociales. Sin embargo, dado que están en sintonía natural con el planeta, Neptuno eliminará cualquier ilusión cuando estén preparados para ver la verdad.

Palabras clave:
- Subconsciente
- Unidad
- Desilusión
- Ansiedad
- Adicción
- Sueños
- Iluminación
- Intuición fuerte

Signos: Piscis
Casa: 12
Elemento: Agua
Símbolo: El tridente de Neptuno
Número: 7

Plutón

Glifo: ♇

Como ya sabrá, Plutón es uno de los planetas más pequeños y lentos, pero estas cualidades no reflejan sus efectos, que son ciertamente drásticos. Este planeta es todo destrucción, del tipo que puede acabar con sistemas y países rígidos. Aquí es donde entra la parte de la muerte. Pero Plutón no es tan superficial. También le encanta construir desde la base y crear algo de la nada.

Plutón no siempre es literal con la muerte. Por ejemplo, puede matar una identidad y crear otra a su debido tiempo. Esta relación binaria de nacimiento y renacimiento es la cualidad más cruda de Plutón y se deja sentir con fuerza.

También rige el aislamiento, las dictaduras, los virus, las fobias, las masas y las obsesiones. También revela secretos profundos y rige todo lo que se somete al proceso de replicación.

Este planeta rige Escorpio y la octava casa. Los astrólogos no han asignado dónde está exaltado Plutón y dónde está en caída. Sin embargo, está domiciliado en Escorpio y perjudicado en Tauro. También rige el sistema reproductor y la glándula pituitaria. También puede causar lunares, tumores y marcas de nacimiento.

Como habrá notado, este planeta es extremadamente lento. Es posible que no experimente un retorno de Plutón, ya que tardará aproximadamente 248 años en volver a su lugar en su carta natal. Esto no significa que no vaya a experimentar una transformación significativa en su vida. Dependiendo de los aspectos del planeta -especialmente cuando está en tránsito- le dirá todo lo que necesita saber sobre su experiencia plutoniana.

Ahora que ya se ha familiarizado con el ritmo de Plutón, probablemente habrá adivinado que se trata de un planeta generacional. En otras palabras, casi todas las generaciones tienen el mismo signo de Plutón, pero la casa es totalmente diferente. Puede utilizar esto para aprender más sobre su generación o la anterior a la suya.

Como ya se ha mencionado, Plutón tiene que ver con la muerte y el renacimiento. Este ciclo no podría estar mejor representado que por el número 0. Ese vacío y esa nada asustan, pero el planeta promete que de la nada puede salir mucho. Los nativos del número 0 pasan por grandes transformaciones en su vida, que es exactamente por lo que tienen tanta energía plutoniana.

Palabras clave:
- Transformación
- Muerte
- Renacimiento
- Oscuridad
- Manipulación
- Abuso
- Tabúes

Signo: Escorpio

Casa: 8
Elemento: Agua
Símbolo: Letras PL que simbolizan el nombre del planeta
Número: 0

Quirón

Glifo: ⚷

Conocido como el "sanador herido", Quirón comparte algunas verdades dolorosas y soluciones esclarecedoras. Este planeta menor nos habla de nuestras heridas más extensas en esta vida y de cómo atenderlas. Le muestra lo profunda que es su herida y cómo la expresa o la reprime. Aprenderá cómo se manifiesta en su vida y si está supurando o no.

Dependiendo de la colocación de Quirón, podrá comprender dónde está sobre compensando y si está o no descuidando su dolor. Descuidar aquí no significa que esté ignorando intencionadamente su dolor. Más bien significa que podría estar en negación o no ser consciente del problema.

Otra cosa que podría querer comprobar son los aspectos de Quirón. ¿Qué tipo de aspectos tiene con los demás planetas? ¿Son estos aspectos duros o armoniosos? Los aspectos pueden decirle mucho sobre la naturaleza de su tristeza y cómo se siente al respecto emocional, mental y espiritualmente.

A diferencia de otros planetas, Quirón no rige nada en sí. Lo único que realmente desea es ayudar a sanarle. Piense en este planeta menor como un guía para aliviar su profundo dolor. Tiene mucha sabiduría que compartir con usted, pero primero tiene que descubrirla usted mismo.

Descubrir su emplazamiento de Quirón puede resultar difícil, ya que tiende a ser desencadenante para las personas que no son conscientes del problema. Por eso el planeta le aconseja que se prepare y acepte cualesquiera que sean sus heridas. La autocompasión y la empatía son la clave en este caso y estas son las primeras cosas que debe darse a sí mismo cuando exponga su herida a la energía sanadora de Quirón.

Dependiendo del tipo de aspectos que tenga, Quirón podría compartir los orígenes de su herida. También puede esperar tener más de una herida importante. Esto puede ser duro, pero recuerde que el planeta le dirá cómo auto curarse.

La verdadera curación comienza con paciencia y amabilidad con uno mismo. No pasa nada si no está seguro de cómo iniciar el viaje de curación; nadie lo sabe al principio. Sin embargo, cuanto más aprenda de este planeta y reflexione sobre sí mismo, descubrirá que su viaje de sanación se está desarrollando ante sus propios ojos.

Palabras clave:
- Sanador herido
- Introspección
- Aceptación
- Amor propio
- Curación espiritual
- Dolor emocional
- Niño interior

Símbolo: Llave, un camino para sanar.

Capítulo 3: Los signos del zodíaco

En este capítulo encontrará una amplia descripción de la energía de cada signo del zodiaco. Es importante señalar que las siguientes características no se aplican plenamente a todas las personas de Aries o Libra. Un signo solar Aries puede tener algunos de estos rasgos, pero no encarnará todos los demás porque la personalidad de cada persona es única. Dado que todo el mundo tiene una carta natal que le es específica, el signo solar de una persona no basta para describir a una persona en su totalidad. A diferencia de los signos solares, que son solo una parte de la historia, las colocaciones de los planetas y el tipo de aspectos que tienen entre sí conforman el cuadro completo.

También puede prestar atención a todos los signos, no solo a su signo solar. Todos los signos y sus efectos están incluidos en su carta natal. Para comprender su energía y características, familiarícese con ellos y sea capaz de analizar su carta natal.

Aries ♈

Periodo: 21 de marzo - 20 de abril

Hay mucho que entender sobre el primer signo del zodíaco a través de su colocación. El sol se posa en Aries al principio de cada primavera. La tierra empieza a respirar de nuevo durante esta estación, las flores florecen y las hojas crecen. Esta energía de recién nacido se refleja en este signo.

El mundo es nuevo para un niño. Todo está aún por explorar y experimentar. Así es como Aries ve la vida. Tienden a entrar en nuevas fases con entusiasmo y los ojos muy abiertos. No les importa hacer malabarismos porque tienen energía para ello. Su motivación es contagiosa. Desprenden una energía radiante que dinamiza notablemente a las personas que les rodean. Los Aries tienen una necesidad muy arraigada de mantenerse ocupados. Saben que cuando su energía no se canaliza, puede convertirse en frustración o comportamiento agresivo.

Su energía infantil también puede convertirse en una actitud o mentalidad inmadura. No se espera que los niños antepongan los sentimientos de los demás o piensen en ellos en primer lugar. Aún experimentan la vida desde su punto de vista. Esto también se aplica a Aries, que tiende a tener una actitud de "yo primero". Pueden caer fácilmente en una actitud resbaladiza y egoísta que les aísla. Los Aries tienden a ser impacientes, por lo que actúan impulsivamente, lo que les mete en problemas. Se aconseja a los Aries que eviten los contratiempos asumiendo riesgos calculados.

Otra cosa interesante de la colocación de Aries es que está opuesta a Libra. Venus, el planeta de la belleza, rige Libra. Los Aries tienen una energía similar, por lo que tienden a ser físicamente atractivos o a tener bonitas sonrisas.

Para comprender mejor este signo, quizá desee familiarizarse con el planeta que lo rige, Marte. Este planeta está lleno de rigurosa energía salvaje. Los Aries están cargados de esta energía y tienden a utilizarla en actividades relacionadas con Marte, como los deportes, el sexo, el trabajo y la sana competencia. Sin embargo, va más allá del hecho de que se vean afectados por su energía. Comprenda que Aries está asociado a un planeta muy exigente, por lo que hará que Aries canalice esta energía hacia algún lado. De lo contrario, pueden volverse agresivos, aburridos y frustrados.

Los Aries son muy competitivos
https://pixabay.com/images/id-567950/

Aries está representado por el Carnero. Estos animales son famosos por su estilo de lucha, descrito simplemente como darse cabezazos. Así es como Aries lucha o debate instintivamente. No se toman tiempo para contemplaciones y su actitud fogosa convierte rápidamente una discusión acalorada en una pelea en toda regla.

Al igual que los carneros, los Aries son testarudos por naturaleza. Esta es una de sus cualidades menos apreciadas. Las personas se sentirán más apreciadas cerca de Aries cuando sientan que se les escucha. A veces, los Aries devalúan inconscientemente las palabras de la gente, lo que acaba por hacerles sentir que no quieren compartir más información personal.

En general, a la gente le gusta su actitud fogosa, pero no siempre es apreciada cuando se muestran discutidores. Los Aries son conocidos por quemar puentes innecesariamente. No guardan rencor, pero sí se ocupan de los resentimientos acumulados. Cuanto más tiempo alberguen rencores, más fastidiosos se sentirán. Los Aries necesitan aprender a dejar ir. Cuanto más maduran, más se dan cuenta de que quemar puentes no siempre es la solución ideal.

Como ya se ha dicho, cada signo tiene su modalidad. Aries es cardinal. Esto significa que este signo es un iniciador en todos los aspectos de la vida. Son líderes naturales y suelen iniciar cosas, proyectos, relaciones, etc. Ser cardinal es una de sus bazas más fuertes. Lo único que necesita trabajo es completar lo que han empezado, ¡lo que debería ser fácil, dada su inagotable energía! Lo único que se interpone en su camino es el aburrimiento. Una vez solucionado, Aries terminará proyectos a diestro y siniestro.

Palabras clave:
- Líder
- Competitivo
- Orientado al presente
- Independiente
- Ansioso
- Valiente
- Egoísta
- Arrogante
- Infantil

- Agresivo
- Dominante

Símbolo: El Carnero
Frase clave: "Yo soy"
Modalidad: Cardinal
Elemento: Fuego
Regente planetario: Marte
Signo opuesto: Libra
Casa: 1ª

Tauro ♉

Periodo: 21 de abril - 20 de mayo

La estación de Tauro comienza en plena primavera. También es el segundo signo del zodíaco. Solo esta colocación ya da suficiente información para entender de qué va este signo. A Tauro le gusta estar rodeado de belleza y de una compañía agradable. Piense en buena música, comida sabrosa, amigos leales y familiares.

Tauro tiene una colocación interesante porque está opuesto a Escorpio. Por lo general, dos signos opuestos comparten características similares. Los genitales rigen a los Escorpio, por lo que anhelan el buen sexo. A Tauro le ocurre lo mismo. Tauro está regido por los sentidos, así que van por la vida experimentándola y disfrutándola a través de sus sentidos. Una buena vida sexual es imprescindible para un Tauro. Sin una buena vida sexual, podrían sentir que falta algo vital en su vida. Escorpio es posesivo, al igual que Tauro.

Los Tauro pueden ser un poco posesivos con sus seres queridos. Por supuesto, no todos los Tauro tienen esa mentalidad posesiva. Sin embargo, según el grado de madurez, pueden ser extremadamente posesivos o no comprender que no son dueños de su pareja.

Este signo del zodiaco es conocido por su gran fuerza emocional, paciencia y lealtad. Esto proviene de su símbolo, el toro. Este animal es paciente y generalmente relajado. Le gusta tomar el Sol y no le gusta moverse mucho. Tauro tiene los mismos rasgos.

Esto no quiere decir que todos los Tauro sean perezosos. Sin embargo, algunos preferirían vivir la vida relajándose y disfrutando de los placeres materialistas si les dieran a elegir. También son excepcionalmente leales y se les admira por ello. Este signo es fiable y conocido por su apoyo cuando se le necesita. Esto actúa como un arma de doble filo porque, aunque a los Tauro les gusta que la gente dependa de ellos, también se sienten heridos cuando su apoyo no es recíproco.

Son conocidos tanto por su paciencia como por su ira explosiva. Por desgracia, para un Tauro, estas dos características van de la mano. Sin embargo, gracias a su paciencia, no son fáciles de desencadenar. Incluso cuando la gente intenta apretarles las tuercas, tienden a ocultar sus sentimientos o a fingir que nada les afecta. Pero incluso un Tauro tiene límites. Aquí es donde entra en juego la ira explosiva.

Este signo del zodiaco está regido por Venus, el planeta del amor, la belleza y las finanzas. Son personas atractivas a las que también les atrae la belleza. Puede que les guste todo tipo de arte y lo que sea estéticamente bello. Quizás no se sientan a gusto si el lugar que les rodea está desordenado o es poco agraciado a la vista. El dinero es un concepto que ronda sus mentes de vez en cuando. Esto es normal hasta que se convierte en una obsesión por la seguridad financiera.

Este signo del zodiaco es un signo de tierra. Necesitan estabilidad y suelen proporcionársela a otras personas. Suelen ser fijos en sus comportamientos y opiniones, que rara vez cambian. También están obsesionados con sus objetivos. No les importa lo largo que pueda ser el proceso ni los retos a los que puedan enfrentarse. Una vez que se han propuesto lograr algo ya está hecho.

Su amor por la estabilidad a menudo les causa estrés en las relaciones que cambian. No son los más flexibles a la hora de adaptarse y ajustarse a los cambios en sus vidas. Cuanto más crezcan, más podrán aprender a cultivar una relación más sana con el cambio.

A diferencia de Aries, a Tauro le gusta relajarse, asentarse y disfrutar de los placeres de la vida, gracias a su modalidad fija. Como están más en sintonía con el ritmo natural de sus vidas, no son de los que inician proyectos o amistades y no sienten la presión de cambiar nada al respecto.

Palabras clave:
- Estable
- Buscador de seguridad
- Leal

- Obstinado
- Materialista
- Paciente
- Artístico
- Indulgente
- Confiable
- Ira explosiva
- Minucioso

Símbolo: Cabeza de toro
Frase clave: "Tengo".
Modalidad: Fijo
Elemento: Tierra
Regente planetario: Venus
Signo opuesto: Escorpio
Casa: 2ª

Géminis ♊

Periodo: 21 de mayo - 21 de junio

Con el cambio de estación de la primavera al verano, comienza la estación de Géminis. Como ya se ha mencionado, las colocaciones desempeñan un papel vital en astrología. La dualidad y el carácter cambiante de Géminis reflejan el paso de una estación a otra. Usted tiene las dos caras: primavera y verano. También obtiene versatilidad. Este signo es conocido por sus estados de ánimo y comportamientos versátiles. A algunos les resultará difícil lidiar con estos rasgos, incluidos los propios Géminis. Si usted mismo es un Géminis o tiene un amigo que lo es, puede que le disguste la falta de estabilidad que se obtiene con esta energía. Su mente puede cansarse de la imprevisibilidad del signo y de su incapacidad para anticipar lo que vendrá a continuación.

El planeta de la mente y la comunicación rige su signo. Esto influye en que usted busque el conocimiento. En general, le gusta aprender y siempre está persiguiendo más conocimientos. El caso es que casi todo le interesa. Su curiosidad es ávida y siempre está dispuesto a consumir contenidos educativos. Es usted un poco sabelotodo, pero sus conocimientos tienden a ser poco profundos. Suele rascar la superficie a menos que se trate de algo que le interese en general, entonces llega hasta el final.

Mercurio también influye en que usted sea algo así como una mariposa social. Le gusta hablar con todo el mundo y aprender más sobre las personas que le rodean. Siempre está enviando mensajes de texto, llamando o entablando conversaciones con sus amigos o con desconocidos. No le importa hablar de cualquier cosa siempre que no le aburra. A veces, cuando se ve envuelto en una conversación aburrida, intenta llevarla por derroteros más interesantes.

Géminis está representado por los gemelos, o el número romano dos. No podía haber un símbolo mejor para este signo en lo que a símbolos se refiere. La idea de los gemelos se basa en la dualidad del signo. Si usted es un signo solar Géminis, está más que familiarizado con la eterna lucha entre su mente y su corazón. Puede sentir que, lógicamente, lo tiene todo claro, pero sus emociones tienden a inclinarse en sentido contrario. Esta fricción interna provoca irritabilidad y esto es más evidente cuando un Géminis muestra un comportamiento impredecible debido a los cambios de humor.

También vacila y a menudo se encuentra cambiando de opinión y de ciertas creencias. Puede sentirse incómodo por ello, así que es mejor que se recuerde a sí mismo que su mente es versátil. Usted ve méritos en todo. No se le conoce por su rigidez, ni resiente este rasgo y la gente aprecia eso de usted.

Los Géminis suelen ser sensibles y simpáticos. Puede que no todo el mundo lo sepa, pero sienten por la gente y las palabras pueden herirles, aunque tiendan a negarlo. Aunque los Géminis son conocidos por comportamientos específicos, otras características pueden pasar desapercibidas, eclipsadas por aquello por lo que el signo es notorio.

A los Géminis no les resulta difícil cambiar las cosas cuando la vida está estancada. Su necesidad de variedad añade automáticamente picante a su vida. Este rasgo afecta a casi todos los aspectos de su vida. Les gusta la variedad en las amistades, los lugares a los que van, la lectura, la ropa, etc. Puede que no tengan un sentido unificado del estilo, pero su estilo general podría ser que les gustan cosas diferentes y están contentos con eso.

Otro rasgo peculiar de Géminis es la inquietud. No es que en general estén perdidos y vayan de un lado a otro con sus pensamientos; es que también son inquietos físicamente. Como Géminis, no importa qué tipo de actividad estén realizando físicamente, siempre que estén haciendo algo. Puede que necesiten estar dando golpecitos con los dedos o los pies, moviéndose de un lado a otro, tarareando, hablando o incluso inquietándose.

Este rasgo también les convierte en personas multitarea. No les gusta ocuparse de una cosa a la vez; ocuparse de dos o tres es más su estilo. Imagine que un Géminis está leyendo un libro. Al mismo tiempo, pueden estar jugueteando con las manos o tal vez escuchando música. Puede que estén bailando o escuchando un podcast si se están duchando. Incluso cuando ven una película, pueden estar pensando en otra cosa mientras siguen los acontecimientos. No importa lo que estén haciendo, siempre y cuando estén realizando otra actividad con ello.

Géminis es uno de los signos de aire con cualidades como la flexibilidad y la inteligencia social. Algunas personas perciben esto como hipocresía. Pero lo cierto es que los Géminis tienen una gran conciencia social, por lo que saben cómo comunicarse con distintos grupos, qué tipo de chistes contar y qué historias compartir.

Sin embargo, uno de los inconvenientes es que este signo puede ser emocionalmente inestable. Los Géminis pueden sentirse incómodos con temas emocionalmente pesados. No les gusta ir al fondo de la situación si les provoca emociones desagradables. A los signos de aire les gusta mantener las cosas en movimiento y las situaciones estables, sobre todo si son pesadas, van en contra de este deseo.

Los Géminis forman parte del club de los mutables. Se diferencian ligeramente de los signos cardinales y fijos porque se sienten más cómodos con el cambio. Si usted mismo es un Géminis, comprenderá que el cambio es una parte constante de su viaje y del de los demás. También es ágil a la hora de realizar los cambios necesarios para adaptarse a un nuevo estilo de vida o a una nueva situación en la que se ha visto inmerso.

Por su dualidad, este signo rige las partes simétricas del cuerpo y los órganos. Géminis influye en sus manos, clavículas, hombros y pulmones. También rige el sistema nervioso por sus fuertes lazos con el cerebro.

En lo que respecta a la vida amorosa de un Géminis, puede esperar múltiples parejas, ya sea una a la vez o una tras otra. Este signo no es conocido por su estabilidad emocional. Como Géminis que es, sabe lo fácil que le resulta aburrirse de una relación o de una persona. Esto explica su necesidad de estimulación. Cuando una relación ya no le satisface, pasa a la siguiente. No le gusta estar atado, por lo que una forma que le gusta de manifestar su libertad es ir y venir a su antojo.

A medida que se haga mayor y se permita madurar emocionalmente, este rasgo se disipará gradualmente de su vida. Mientras tanto, no debe preocuparse por ser voluble. Sin embargo, procure ser sensible y consciente de los sentimientos de los demás.

Palabras clave:
- Social
- Comunicativo
- Versátil
- Inventivo
- Inquieto
- Curioso
- Literario
- Despistado
- Desagradecido
- Poca concentración
- De ingenio rápido

Símbolo: El número romano 2
Frase clave: "Creo".
Modalidad: Mutable
Elemento: Aire
Regente planetario: Mercurio
Signo opuesto: Sagitario
Casa 3ª

Cáncer

Periodo: 22 de junio - 22 de julio

Cáncer: el signo madre. Este signo tiene muchas cualidades, pero se le conoce sobre todo por su papel de cuidador, debido principalmente a su colocación y a su planeta regente. Cáncer rige la cuarta casa, que está relacionada con el papel de cuidador y el hogar familiar. Las personas nacidas bajo este signo exhiben estos temas en su vida. Cuidan con naturalidad de sus seres queridos y sus casas suelen ser cómodas y acogedoras.

Este signo también es opuesto a Capricornio y con la polaridad viene la similitud. Un verdadero canceriano se preocupa por el dinero del mismo modo que un capricorniano. Los Cáncer no suelen ser avariciosos, pero sí se preocupan mucho por la seguridad. La seguridad financiera es un concepto que ronda libremente por la mente de un Cáncer, sobre todo si no se aborda. Muchos Cáncer se pasan la vida intentando ganar más dinero incluso cuando ya tienen suficiente, solo porque persiguen la seguridad financiera.

Cáncer está regido por la luna, teniendo en cuenta lo temperamental que es este signo. Las fases lunares cambian con frecuencia, al igual que el estado de ánimo de Cáncer. Astrológicamente hablando, cada fase afecta a este signo de una manera determinada.

La luna rige las emociones y la intuición y puesto que rige este signo, le proporciona una gran profundidad emocional y una gran intuición. Su sensibilidad puede considerarse tanto un don como una maldición, según cómo se mire. Por un lado, está en sintonía con sus emociones y las de los demás y siente las emociones a un nivel superior. Esto le da una perspectiva más profunda de la vida. Por otro lado, sentir las cosas tan profundamente puede agotarle emocionalmente. Además, el dolor emocional le afecta a otro nivel. Siente como si algo le desgarrara el alma cuando está sufriendo.

La luna le otorga el don de la intuición, que se manifiesta en pequeñas cosas como entrar en una habitación y sentir su energía. Si le hace caso, su instinto le irá diciendo cosas a lo largo del día y cuanto más lo escuche, más fuerte se hará.

La mayoría de los cancerianos son empáticos. Esto significa que lo más probable es que sienta lo que le ocurre a su amigo sin que él se lo diga. Es posible que pueda sentir las emociones de su mascota. También puede sentir las plantas y los árboles cuando conecta con ellos.

Como ya se ha mencionado, los Cáncer son cariñosos, por lo que serán las personas que inicien una conexión con usted y, durante esta amistad, puede esperar que se preocupen por usted. Son el tipo de amigos que le recordarán que tome sus medicinas o le animarán a ir a terapia. También crean proyectos que pueden ayudarles con sus ingresos. Estos empeños no tienen por qué estar relacionados con temas cancerianos, como la cocina o la crianza. Sin embargo, si estos proyectos coinciden con cosas a las que un Cáncer está afiliado, se sentirán como en casa.

Derivado de su nombre, este signo está representado por el cangrejo. Hay tantas similitudes entre ellos que este signo no podría haber tenido un símbolo mejor. Al igual que el cangrejo, a los Cáncer les gusta más quedarse en casa que estar rodeados de mucha gente. Sin embargo, la gente se siente a gusto con ellos. Por eso la mayoría de los Cáncer son introvertidos certificados.

También son ágiles como el cangrejo. No son de los que salen volando, pero si se les presiona lo suficiente o se les hiere por alguien a quien quieren, verá cómo esas pinzas se le echan encima. También son vengativos y pueden guardar rencor. Se pasan el tiempo tramando su venganza y esperando el momento adecuado para atacarle. Los Cáncer también son conocidos por ser manipuladores cuando quieren.

Si alguna vez ha observado a un cangrejo, sabrá que nunca camina directamente hacia su objetivo, sino que se mueve hacia los lados para llegar a donde quiere. Los Cáncer son precisamente así. Cuando quieren algo o a alguien, siempre escanean el entorno, miden lo seguro que es y empiezan a acercarse.

Irónicamente, tienen un exterior duro, dado su corazón sensible y cálido. El cangrejo tiene un caparazón resistente y lo mismo le ocurre a un Cáncer. La mayoría de los Cáncer no parecen accesibles, pero se empieza a ver un lado más suave una vez que se les conoce. La mayoría de los Cáncer parecen así porque intentan protegerse del mundo. Saben que son sensibles y fuertes, pero siempre sienten la necesidad de estar seguros, por lo que se consuelan con su duro exterior.

La sensibilidad canceriana no solo se atribuye a la luna, sino que también está influida por el agua. Los signos de agua suelen ser emocionalmente profundos y sienten las cosas hasta la médula. También absorben los sentimientos de la gente y los asumen como propios. Al ser los Cáncer un signo de agua, suele haber capas en ellos. Una vez que cree conocerlos, descubre otra capa que necesita pelar.

Como habrá notado, la estación de Cáncer comienza con el verano, razón por la cual forma parte del Club Cardinal. Al igual que Aries, los Cáncer son iniciadores. Van tras lo que buscan y les resulta fácil embarcarse en un nuevo proyecto o en un viaje. El tipo de cosas que iniciará un Cáncer tendrán que ver con las conexiones humanas o con el dinero.

Palabras clave:
- Intuitivo
- Nutritivo
- Cariñoso
- Servicial
- Sensible
- Quieto
- De lengua afilada
- Vengativo
- Absorbente
- Manipulador
- Vigilante

Símbolo: El Cangrejo
Frase clave: "Siento".
Modalidad: Cardinal
Elemento: Agua
Regente planetario: Luna
Signo opuesto: Capricornio
Casa: 4ª

Leo

Periodo: 21 de julio - 22 de agosto

Leo, el signo del zodíaco. Este signo se ha ganado un poco de reputación a lo largo de los años. La mayoría de la gente entiende que los Leo no son más que individuos egoístas que siempre quieren ser el centro de atención y que eso es todo lo que hay en ellos. Esta suposición tiene algo de verdad, pero sigue siendo muy inexacta. Desmenucemos las cosas para que se entienda a este signo como lo que realmente es.

Leo está regido por el sol, que es el centro de nuestro sistema solar. En Astrología, el sol rige el ego, la individualidad y la confianza, por lo que es natural que los Leo resuenen sin complejos con estas cualidades. Está en su naturaleza querer ser el centro de atención, pero su energía también lo requiere. Tienen una energía que atrae la atención de la gente, la quieran o no.

Caminan con confianza y ven la vida como su escenario. Todo es una actuación para ellos. Esto añade picante a sus vidas, pero también les resulta difícil dejarse llevar y ser vulnerables. Su necesidad de actuar en la vida se ve disminuida por el trabajo personal y la madurez. Algunos Leo muestran su vulnerabilidad a las personas más cercanas o en las que confían lo suficiente como para mostrar este lado más suave.

Ser el centro de atención y querer llamar la atención no es todo lo que tiene un signo Leo. También son generosos y leales a su gente. Una vez que usted haya entrado a formar parte de su círculo, le serán leales y generosos con su amor, energía y tiempo.

En términos de colocación, los Leo son lo opuesto a los Acuario. Los Acuario suelen ser solitarios que aprecian su tiempo a solas. En cambio, los Leo prefieren estar rodeados de personas afines. Suelen ser el pegamento que mantiene unido al grupo o el centro del mismo. Esto no quiere decir que los Leo tengan siempre toda la atención, pero tienden a dirigir la conversación o a ser los que más hablan en el grupo. Los astrólogos han observado que los Leo de julio tienden a tener características Leo diluidas, mientras que los Leo de agosto están más concentrados en la energía Leo.

Como ya se ha mencionado, el Sol rige Leo. El Sol da energía a todo ser vivo y es vital para todos. Los Leo caminan por la tierra con esa misma actitud de autoimportancia. Se sienten importantes. No hay nada malo en ser consciente de su autoestima y valor. Pero las cosas pueden torcerse rápidamente con un Leo.

Si el ego se expande o se vuelve enfermizo, los Leo pueden tener fácilmente derechos y ser descuidados con los sentimientos de la gente. Puede que no sean conscientes de su efecto sobre usted o sobre cualquier otra persona. Aún pueden empatizar, pero no piensan en cómo se puede sentir la gente cuando hablan o se comportan de una determinada manera. Esto puede ponerse feo rápidamente y podría convertirse en un desprecio total por los sentimientos de todo el mundo porque creen que son el centro del universo.

A la mayoría de los Leo les gustan las carreras o aficiones que tienen que ver con las artes y estar en el escenario ya sea literal o metafóricamente. También es muy probable que se conviertan en directores ejecutivos de una empresa o que creen su propio negocio. Los Leo son bastante creativos, por lo que, si tienen suerte, pueden acabar en una carrera en la que actúen en el escenario, canten, bailen o incluso se conviertan en oradores públicos.

El león representa a los Leo. El león es el rey de la selva, ruidoso, temido y respetado, por no mencionar el hecho de que es de la realeza. Internamente, los Leo se sienten de la realeza. Caminan con orgullo y confianza. También son valientes y no temen expresar su opinión. La fuerza del león también resuena con la energía de Leo. Los Leo pueden soportar situaciones difíciles. Sin embargo, cuando algo hiere su ego, se curan en silencio y luego vuelven a ser el centro de atención.

Es obvio que los Leo son un signo de fuego. Los signos de fuego son enérgicos y activos. Estos rasgos tienen una forma muy particular de manifestarse en Leo. A diferencia de Aries y Sagitario, los Leo encarnan estas cualidades ardientes en un entorno de grupo, relaciones y trabajo. Añaden electricidad a su dinámica de grupo. Suele ser divertido tenerlos cerca y les resulta fácil levantar el ánimo de la gente.

Su elemento fuego puede hacerles argumentativos. No suelen echarse atrás en una pelea. Sin embargo, una vez que están en una discusión, necesitan sentir que han ganado o que han tenido la última palabra. Cuanto más dure esto, puede resultar frustrante para la persona que lo recibe, por lo que es importante comunicarse con ellos sobre su comportamiento. Son más accesibles cuando se han calmado. Puede que no acepten las críticas con facilidad, pero apreciarán que usted intente mantener una amistad o una relación con ellos.

Los Leo forman parte del club de la modalidad fija. Por eso son dedicados y comprometidos con cualquier cosa que se propongan. No es fácil conseguir que un Leo haga algo que no quiere hacer, pero una vez que un empleado o un amigo Leo se apasiona por lo que hace o tiene un objetivo en mente, no hay forma de detenerlo.

Al ser un signo fijo y creativo dedicado a su oficio, lo más probable es que consigan algo asombroso y avancen mucho en el camino que han elegido. Algunos Leo son artísticos por naturaleza, por lo que sus aficiones incluyen la música, la pintura y la escritura. Otros Leo utilizan su creatividad en sus trabajos, como los cómicos o los gestores creativos, el marketing, etc.

Palabras clave:
- Creativo
- Generoso
- Idealista
- Confiado
- Romántico
- Digno
- Dramático
- Pretencioso
- Consciente de su estatus
- Infantil
- Dominante

Símbolo: Leo
Frase clave: "Siento".
Modalidad: Cardinal
Elemento: Agua
Regente planetario: Luna
Signo opuesto: Capricornio
Casa: 5ª

Virgo ♏

Periodo: 23 de agosto - 22 de septiembre

Ahora pasamos del enérgico Leo al práctico Virgo. La colocación de este signo es muy interesante. Virgo viene después de un signo fogoso y enérgico que es propenso a perderse un detalle, por lo que Virgo ofrece paciencia y ojo para los detalles. También está opuesto a Piscis, lo que resulta interesante porque ambos signos tienen formas muy distintas de enfocar la vida. Sin embargo, a ambos les encanta ayudar a la gente y la idea de estar al servicio de los demás es algo que tienen en gran estima.

Virgo está regido por Mercurio, que simboliza la mente y rige las facultades mentales. Mercurio reviste a este signo de una gran energía analítica. Son extremadamente observadores y apenas se les escapa ningún detalle. La aguda inteligencia de Mercurio y su naturaleza comunicativa se mezclan bien con las complejidades de Virgo. Esta mezcla confiere a los Virgo la capacidad única de señalar las incoherencias, beneficiar a su gente e influir en los cambios positivos.

A veces, la gente percibe a los Virgo como prepotentes y regañones, pero en realidad solo intentan ayudar. Comprenda que la naturaleza de este signo se ve obligada a servir a los demás. El estilo de comunicación de este signo puede parecer duro al principio, pero la imagen se aclara un poco cuando se comprende su psique.

Los Virgo señalarán sin pudor las cosas que ya no les sirven y los hábitos que obstaculizan su progreso. Es su forma de demostrar que se preocupan por usted y así es como le ofrecen ayuda. Son el tipo de amigos que comprueban si ha terminado sus tareas diarias o si ha dado pasos prácticos para alcanzar sus objetivos. Son el tipo de amigos que le recuerdan las citas con el médico o le llevan al médico sin pedírselo. Puede que le presionen cuando flojea o deja las cosas para más tarde.

Mercurio les ha bendecido con una mente aguda que puede diseñar sistemas, mantenerse centrada y priorizar la racionalidad. Por eso les resulta fácil hacer las cosas y ayudar a los demás a completar sus tareas. Su racionalidad les hace ser conscientes del presupuesto, por lo que les encontrará creando presupuestos para sus amigos o ahorrando su dinero en varias cuentas de ahorro.

Al igual que Géminis, Virgo también es mutable. Esto se traduce en su capacidad para adaptarse a distintas situaciones. No dan necesariamente la bienvenida al cambio como los signos de aire o fuego, pero son lo bastante flexibles como para sobrevivir a lo que la vida les depare. Lo único que puede frenarles son sus tendencias perfeccionistas. Los Virgo intentan perfeccionar todo lo que hacen, pero esto conlleva un cerebro que está en alerta máxima todo el tiempo, lo que puede causar una tensión constante que podría desembocar en ansiedad.

El lado más oscuro de esto es que pueden ser excesivamente meticulosos, lo que les hace sentir que sus habilidades y su trabajo duro no son suficientes. Esto les llevará a la decepción y a sentimientos de inadecuación, que están muy lejos de la realidad. También se exigen a sí mismos unos niveles de exigencia extremadamente altos, lo que puede agotarles y hacer que se sientan quemados. Al mismo tiempo, puede que no acepten que han llegado a un punto de agotamiento, por lo que intentan que las cosas funcionen. Llegados a este punto, podrían descubrir que la calidad de su trabajo es insípida y serán propensos a culparse a sí mismos en lugar de reconocer que están cansados y que merecen un descanso.

Los Virgo están representados por la virgen. En la mitología de la antigua Grecia se cuenta la siguiente historia. Cuando Zeus envió la Caja de Pandora como castigo para la humanidad, Astraea, la diosa de la inocencia y la pureza, sintió curiosidad por el contenido de la misteriosa caja. Una vez que la abrió, la caja liberó diversos males en el mundo. Entristecida por el destino de los humanos, se refugió en los cielos y se convirtió en la constelación conocida como Virgo.

Este mito nos da una comprensión más profunda del signo Virgo. Los Virgo tienen una gran energía femenina, lo que tiene sentido, ya que una diosa los representa. También son puras como Astraea, pero su pureza se muestra más en el tipo de trabajo que producen. Les gusta que su trabajo sea impecable y perfecto. También son privadas y reservadas, por lo que observan todo en silencio, aunque puedan parecer tímidas y calladas. Al principio pueden parecer reservados, pero ésa no es su verdadera naturaleza.

Virgo es un signo de tierra. Esto le indica que son fijos en sus costumbres, por lo que es todo un reto influir en sus creencias u opiniones. También le dice que son bastante fiables, lo que tiene sentido, dada su ética de trabajo y su amor por el servicio. También les gusta cumplir objetivos, dándose a sí mismos pequeñas tareas que terminar cada día. La idea es que les gusta tener algo que hacer, por lo que podrían dedicar tiempo a limpiarlo todo y asegurarse de que todo está impecable como parte de su rutina diaria.

También forman parte del club de los mutables. Tienden a ser de trato fácil si no afecta a su alto nivel. Pero en cuanto se les pida ayuda, pondrán en práctica sus métodos inflexibles. Querrán que usted alcance la perfección, lo que puede resultar poco realista, pero así es como Virgo completa sus tareas. Mantienen un listón muy alto para sí mismos y para los demás y aunque esta ética de trabajo puede ser beneficiosa, también resulta agotadora en ocasiones.

Palabras clave:
- Práctico
- Amable
- Sensible

- Organizado
- Modesto
- Humano
- Cabezota
- Centrado en sí mismo
- Crítico
- Reflexivo
- Tenso

Símbolo: La Virgen
Frase clave: "Analizo".
Modalidad: Mutable
Elemento: Tierra
Regente planetario: Mercurio
Signo opuesto: Piscis
Casa: 6ª

Libra ♎

Periodo: 23 de septiembre - 22 de octubre

Libra tiene una colocación interesante. Es el séptimo signo del zodíaco y está enfrente de Aries y justo antes de Escorpio. Estas colocaciones han conformado las características de este signo. Los Aries son más egocéntricos y a menudo pueden ser inconscientemente egoístas. Los Libra son todo lo contrario al ser más conscientes socialmente y tienden a pensar en los demás antes que en sí mismos.

Aunque este es un rasgo hermoso de tener, a veces, los Libra se hacen daño a sí mismos. Gravitan naturalmente hacia la gente y quieren complacer a las personas porque aman la armonía. Sin embargo, el lado positivo es que este signo es conocido por su inteligencia y conciencia social. Suelen saber lo que hay que decir y saben cómo comportarse con determinadas personas. Su inteligencia social les hace saber cómo cuidar de usted y si es o no el momento de ser un buen oyente o intentar ayudar.

Otro dato interesante sobre la colocación de este signo es que se encuentra justo antes de Escorpio, lo que les hace compartir algunas similitudes con este signo. Al igual que los Escorpio, los Libra pueden ser relativamente mordaces, por lo que podrían herir a alguien utilizando solo sus palabras.

No es frecuente presenciar a un Libra visiblemente enfadado. A este signo le gusta el equilibrio y la armonía, pero cuando alguien ha inclinado su balanza y un Libra está descontento, empezará a hablar.

Naturalmente, los Libra evitan a toda costa las peleas, los conflictos y los enfrentamientos. Sin embargo, el día que inician un conflicto es un día en el que usted sabe que ya no pueden reprimirlo más. Este tipo de supresión conduce a una erupción de palabras hirientes porque los Libra suelen decir la verdad. La verdad, en este caso, puede ser fea y aunque es algo que quizá usted no quiera oír, es algo que un Libra no puede reprimir por más tiempo.

Al igual que Tauro, este signo está regido por Venus, el planeta de la energía femenina, el amor, la belleza y las relaciones. Esto convierte a Libra en todo un artista, ya que sienten un aprecio natural por cualquier cosa que emane belleza.

Influenciados por este planeta, se preocupan mucho por las relaciones ya sean románticas o de amistad íntima. Puede que al principio le parezcan distantes, pero a menudo observan y analizan su entorno. Su actitud distante no significa que no busquen a una persona con la que compartir su vida. Los Libra aprecian el compañerismo. Para ellos, todo va en dos, como la balanza. El compañerismo aporta armonía y equilibrio a sus vidas, por lo que es algo que buscan inconscientemente.

Los Libra se rigen por la balanza. En otras palabras, el equilibrio es vital para ellos. Esto se manifiesta en todos los ámbitos de la vida de Libra. Requieren equilibrio emocional y equilibrio físico. Necesitan equilibrio en las conversaciones, por lo que les gusta un buen toma y daca. No les gusta que el diálogo se convierta en un monólogo y aprecian que la gente sea consciente de ello. Las interrupciones podrían considerarse una manía para Libra.

Libra es un signo de aire, por lo que no es de extrañar que les guste observar, analizar y comunicar. Puede que permanezcan en su cabeza durante un tiempo, pero tienen mucho que compartir una vez que están presentes. Normalmente, cuando evitan un conflicto, piensan qué decir o cómo actuar la próxima vez que vean a la persona que les ha ofendido.

Los Libra pueden ser hirientes con sus palabras airadas, por lo que a los Libra más evolucionados les gusta tomarse su tiempo antes de hablar.

Su capacidad de comunicación también se ve favorecida por su calidad de aire. Como ya sabrá a estas alturas, a los signos de aire les encanta socializar y comunicarse con otra persona. Por eso este signo aprecia rebotar ideas en otras personas. Pueden decidir por sí mismos, pero prefieren que alguien les acompañe durante este proceso.

Este signo también forma parte del club cardinal y ellos también son iniciadores. Sin embargo, es probable que los Libra inicien cosas que vayan de la mano con sus intereses. Esto significa que es más probable que los Libra inicien una conversación con un desconocido o con nuevos colegas. Se les ocurren sugerencias sobre una elegante cita nocturna o solicitan pasar tiempo de calidad con usted.

Palabras clave:
- Esteta
- Diplomático
- Encantador
- Amante de la paz
- Estratégico
- Gusto sofisticado
- Superficial
- Indeciso
- Indiferente
- Se distrae fácilmente
- Evitación de conflictos

Símbolo: La balanza
Frase clave: "Yo equilibro".
Modalidad: Cardinal
Elemento: Aire
Regente planetario: Venus
Signo opuesto: Aries
Casa: 7ª

Escorpio ♏

Periodo: 23 de octubre - 21 de noviembre

Como ya se ha mencionado, Escorpio es el opuesto de Tauro. Por eso tienen rasgos similares. Tauro disfruta de la vida a través de los cinco sentidos y los Escorpio son iguales, en cierto modo. Como los genitales rigen este signo, el sexo desempeña un papel importante en sus vidas. No se trata solo del acto en sí, sino más bien de lo que significa y de su efecto en ellos. Existe en sus vidas con gran intensidad y puede ser causa de gran placer o de gran culpa y vergüenza. En cualquier caso, los Escorpio persiguen ese sentimiento y alcanzan su gratificación a través del sexo.

Los Escorpio también se parecen a los Tauro en lo que se refiere a la mentalidad de propiedad. Son controladores por naturaleza como resultado de sus problemas de confianza. La mayoría de las personas nacidas bajo este signo del zodiaco han desarrollado problemas de confianza durante la infancia. Lo más probable es que idealizaran a uno o varios padres que traicionaron su confianza. Como resultado, un Escorpio se siente profundamente herido por esta traición y no se ponen fácilmente en posiciones vulnerables. De ahí su mentalidad de control y propiedad.

Si mantiene una relación con un Escorpio, notará cómo le persiguen y, una vez que le tienen, creen que son sus dueños. Esto se debe a su intensidad plutoniana y a su falta de confianza en las personas.

Plutón rige este signo del zodiaco. La energía de este planeta está inmersa en temas como la transformación, la muerte, el renacimiento, lo oculto, el misticismo y cualquier cosa tabú por naturaleza. Este planeta afecta a los Escorpio hasta la médula. Llevan de forma natural esa energía transformadora en su interior, para bien o para mal. Eso no significa que sean fácilmente influenciables o que cambien de opinión con facilidad. Sin embargo, tienen una capacidad única para cambiar la vida de alguien.

Cuando las intenciones de los Escorpio son buenas, pueden serle increíblemente leales. Esto se debe a su fuerte compromiso y determinación. Los Escorpio tienen el don de ver el potencial en todo, así que un Escorpio lo verá por usted, aunque usted no vea su potencial.

Querrán compartir su don con usted y transformarán su vida para mejor. Su vida se transformará en algo que no tenía ni idea de que podía ser.

Los Escorpio son valientes por naturaleza. No tienen miedo de decir lo que piensan y no rehúyen enfrentarse a sí mismos o a sus seres queridos. La confianza y el carisma que poseen les permite hablar libremente sin temer las consecuencias.

Los Escorpio tienden a vivir su vida desde un extremo u otro del espectro, pero nunca en el medio. En otras palabras, son seres extremos. Todo lo que hacen, e incluso su forma de pensar, lo llevan siempre al extremo. No comprenden el gris turbio de la vida, donde las cosas no son necesariamente blancas como el cristal ni negras como el carbón. De nuevo, esto se debe a la intensidad de Plutón en este signo.

Plutón está afiliado a lo oculto y a cualquier cosa oscura o misteriosa. Esto se refleja en el secretismo innato de los Escorpio. Son reservados por naturaleza, aunque no intencionadamente todo el tiempo. Si es amigo o tiene algún tipo de relación con un Escorpio, se dará cuenta de que probablemente saben más de usted que usted de ellos. Hay cosas que se guardan para sí mismos. Esto puede deberse a su falta de confianza o a su afán de venganza.

El símbolo de este zodíaco es muy malinterpretado. La gente cree que lo representa un escorpión, pero la cola del escorpión representa a este signo. ¿Por qué la cola? Porque es dolorosa, violenta y, a veces, mortal.

Si alguna vez ha observado a un escorpión matar a su presa, habrá notado lo sigiloso y silencioso que era; cómo enganchaba su aguijón a la presa, soltándolo solo una vez que el aguijón se había hundido. Así es como muerde un Escorpio en la vida real. No sueltan las cosas que les han hecho daño y tampoco son del tipo olvidadizo. El dolor no les sienta bien, así que planean su próxima picadura.

Los Escorpio son un signo de agua. Este hecho por sí solo debería decir mucho sobre su intuición, profundidad emocional e intensidad. Los signos de agua sienten las cosas hasta la médula y los Escorpio no son diferentes. Su intuición es fuerte, aunque no sean conscientes de ello. Pueden saber si alguien está siendo manipulador o poco auténtico con solo mirarle a los ojos.

Este signo del zodiaco también forma parte del club de los signos fijos. Esto le indica que están naturalmente comprometidos con cualquier cosa en la que crean. Son muy trabajadores y pueden ser serios cuando es necesario. Pueden ser un poco testarudos y no podrá cambiar sus opiniones fácilmente, pero no es imposible hacerlo.

Palabras clave:
- Ingeniosos
- Motivado
- Consciente
- Apasionado
- Indagador
- Reservado
- Intenso
- Vengativo
- Violento
- Controlador
- Desconfiado

Símbolo: Cola de escorpión
Frase clave: "Deseo".
Modalidad: Fijo
Elemento: Agua
Regentes planetarios: Plutón y Marte
Signo opuesto: Tauro
Casa: 8ª

Sagitario

Periodo: 22 de noviembre - 21 de diciembre

Sagitario es el noveno signo del zodíaco y está opuesto a Géminis. Esta colocación significa que comparten cualidades similares, como su energía extrovertida y sus grandes habilidades sociales. A los Sagitario les encanta comunicarse con todo el mundo. Aprecian hablar con usted y aprender de usted.

Los sagitarianos son buscadores de la verdad, por lo que es un viaje llegar a su verdadero yo cuando hablan con usted. No les interesa quién es usted ni los niveles superficiales de lo que es.

Como a los Géminis, a ellos también les encanta aprender. Tienen hambre de conocimiento y les gusta experimentarlo en abundancia. En otras palabras, no se sienten satisfechos cuando aprenden a través de un solo método. Prefieren obtener sus conocimientos de distintas fuentes y de varias maneras.

Aprenden de las personas observándolas. Si están sentados con usted, pueden aprender sobre su psique y su comportamiento como ser humano y registrar este conocimiento con la experiencia previa. Por lo tanto, no se trata tanto de los consejos que puedan compartir, sino más bien de cómo se comportan, actúan y reaccionan.

No solo son buscadores de la verdad, sino que también son habladores de la verdad. Para bien o para mal, los sagitarianos son francos. Usted sabrá a qué atenerse en su vida porque le dirán la verdad alto y claro. La forma en que expresan su honestidad puede herir, por lo que quizá quieran trabajar para ser sensibles con los demás. Pero desde un punto de vista más positivo, nunca tendrá que preguntarse si dicen la verdad o no.

Esto no significa que nunca mientan, pero los sagitarianos no sienten la necesidad de ocultar su verdad en los momentos importantes. En otras palabras, lo que ve es lo que hay.

Este signo del zodiaco está regido por Júpiter, el planeta de la buena fortuna. Los sagitarianos llevan consigo esta suerte natural, incluso cuando atraviesan una mala racha. Si están experimentando una pérdida, algo bueno puede salir de ella. A veces su buena suerte se encuentra en su capacidad para notar lo positivo en todo, incluso en las malas situaciones.

Júpiter tiene que ver con la aventura y la expansión y Sagitario no es diferente. Son personas especialmente aventureras. Aprecian cualquier experiencia nueva que enriquezca sus vidas.

También tienen un pequeño filósofo que reside en su interior. A menudo se preguntan las cuestiones más profundas de la vida y no temen buscar en lo más profundo de su mente o en una fuente externa para encontrar las respuestas a sus preguntas.

Esto también les convierte en personas espirituales. La espiritualidad y la religión son diferentes y pueden sentir esta diferencia en sus corazones. Pueden estar en contacto con las energías ocultas que vagan por el universo y sentir sus efectos en su vida cotidiana.

También son personas bastante optimistas y tienen una extraordinaria capacidad para contagiar su alegría allá donde van. Por supuesto, esto solo ocurre cuando están de buen humor, pero los sagitarianos no tienen fama de ser un signo gruñón.

El arquero representa a este signo. El arquero es libre, independiente y se fija con precisión en lo que quiere alcanzar. Este signo del zodiaco encarna las mismas cualidades. Su libertad es valiosa para ellos y no la comprometerían fácilmente.

Son pensadores independientes y viven su vida de la misma manera. A los sagitarianos no les gusta estar atados a situaciones o personas, por lo que prefieren vivir de forma independiente sin que nadie influya en su libertad.

Una vez que tienen un objetivo y su meta está clara, apuntan hacia ella sin dudarlo. Están decididos a alcanzar lo que buscan sin dejarse agobiar por el miedo o la responsabilidad como el arquero.

Pueden tener algunos problemas de compromiso, pero pueden trabajar en ellos en cuanto entiendan lo que significa ser independiente, incluso en una relación. Puede que necesiten aprender más sobre el arte del compromiso, pero nada está realmente fuera de su alcance una vez que tienen la vista fija en ello.

Este signo del zodiaco es un signo de fuego, por lo que ya puede entender el porqué de su personalidad apasionada. Tienen un fuego que enciende sus deseos, su energía y su hambre de consumir conocimientos. También son individuos bastante activos y actúan con objetivos proactivos para llegar a su destino.

También forman parte del club de los mutables. Pueden ser un poco inquietos de vez en cuando y pasar por una fase de atolondramiento, pero una vez que salen de ella, vuelven a ser ellos mismos. Como el resto de los mutables, tienen una habilidad natural para añadir su creatividad y mejorar cualquier cosa en la que pongan sus ojos.

Palabras clave:
- Filosófico
- Recto
- Atlético
- Optimista
- Estratégico

- Justo
- Contundente
- Intratable
- Charlatán
- Impaciente
- Exagerado

Símbolo: Flecha de arquero
Frase clave: "Entiendo".
Modalidad: Mutable
Elemento: Fuego
Regente planetario: Júpiter
Signo opuesto: Géminis
Casa: 9ª

Capricornio ♑

Periodo: 22 de diciembre - 21 de enero

En lo que respecta a la colocación, este signo del zodíaco es el opuesto de Cáncer. Los Cáncer se toman muy en serio lo de tener un hogar para ellos. Les gusta la idea de la familia y no se la toman a la ligera. Los Capricornio son muy parecidos en este aspecto.

Los Capricornio tienden a tener una mentalidad tradicional cuando se trata de la vida familiar. Quieren un compañero de vida serio que sea tan dedicado como ellos y desean construir un hogar y formar una familia con él.

Normalmente, no se apresurarán a encontrar a alguien adecuado. Sin embargo, siempre estarán atentos a un posible compañero de vida. Lo más probable es que observen a todo el mundo en segundo plano, para saber a quién tomar en serio y a quién dejar de lado.

Aunque los Capricornio han tenido su buena ración de dificultades, esto no significa que no sepan cómo desconectar y divertirse. Adoptan características similares a las de un Cáncer y las emulan. También pueden ser divertidos y a veces tontos. Cuando tienen ganas de hacer reír, su sentido del humor tiende a ser sarcástico.

Saturno rige este signo y emula muchas de las cualidades del planeta. Al igual que el planeta, los Capricornio tienen una mentalidad que gira en torno a la ambición, los objetivos y la estructura. Suelen tener claro lo que quieren hacer en la vida y cuentan con la resistencia suficiente para alcanzarlo.

La dedicación y el compromiso son casi una segunda naturaleza para los Capricornio y son conscientes de estos conceptos desde muy pronto en la vida.

Influenciados por Saturno, la mayoría de los Capricornio han vivido una infancia difícil. Es posible que hayan tenido que crecer demasiado pronto o que hayan comprendido muy pronto el peso de la responsabilidad. La misión de Saturno es moldearle hasta convertirle en la mejor versión de sí mismo, aunque el proceso sea feo. Este tipo de energía les influye, por lo que están acostumbrados a luchar para llegar a su destino. Están más acostumbrados a que las cosas les salgan mal, por lo que no tienen grandes expectativas de forma natural.

La cabra es el símbolo de este signo. Esto se refleja en la forma en que un Capricornio se enfrenta a la vida. Saben que tienen una alta montaña que escalar y comprenden que el camino puede no ser siempre llano. Pero esto no les desanima. Escalan la montaña y caminan sobre rocas afiladas para alcanzar la cima. El proceso puede ser lento, pero saben que llegarán a su debido tiempo.

El progreso de un Capricornio puede ser lento. Puede que tarden años en alcanzar sus objetivos. Sin embargo, nunca pierden de vista sus planes y se levantan cada día y completan tareas que sirven a su propósito. No les resulta difícil tener éxito o alcanzar puestos elevados en la sociedad porque tienen la mentalidad adecuada y la resistencia suficiente para seguir adelante.

Este signo es de tierra. Esto les da una ventaja en lo que se refiere a su capacidad de organización y gestión del tiempo. Este elemento también refleja el deseo de imagen pública de Capricornio. Este signo se preocupa mucho por cómo es visto en público. Le importa el estatus social y siempre quiere mantener su reputación. Se preocupan por su reputación y por la de cualquier persona estrechamente relacionada con ellos. Para un Capricornio, su familia y sus hijos también reflejan su imagen ante el público. Por lo tanto, se toman muy en serio este tipo de asuntos y suelen ser serios al respecto.

Capricornio también forma parte del club de los cardenales. Dedican esta energía a sumar y crear proyectos y planes que sirvan a su empuje y ambición. Sin embargo, a diferencia de otros cardenales, Capricornio se compromete firmemente con sus planes, por lo que una vez que estos se ponen en marcha, no hay quien pare a un Capricornio.

Palabras clave:

- Trabajador
- Responsable
- Serio
- Profesional
- Económico
- Cauteloso
- Egoísta
- Melancólico
- Fatalista
- Dominante
- Implacable

Símbolo: Cuerno y cola de cabra

Frase clave: "Yo uso".

Modalidad: Cardinal

Elemento: Tierra

Regente planetario: Saturno

Signo opuesto: Cáncer

Casa: 10ª

Acuario ♒

Periodo: 22 de enero - 21 de febrero

Como ya se ha mencionado, la oposición desempeña un papel perjudicial en Astrología. Recuerde que los opuestos se atraen porque tienen características similares y diferentes. La colocación de Acuario es opuesta a la de Leo. Al ser fuertemente humanitarios, son leales a su gente. Se preocupan por las personas de su vida, incluso cuando están emocionalmente distanciados.

El desapego emocional es una característica de Acuario. Normalmente, con los Leo, sus emociones se dramatizan en la superficie. Acuario es todo lo contrario a eso. Es algo con lo que luchan de vez en cuando porque puede llegar a un punto en el que duden de tener emociones.

Por el contrario, los Acuario sí tienen sentimientos, pero no existen en la superficie y son hábiles ocultando sus sentimientos incluso a otros Acuario.

Puede que a la gente le resulte difícil este rasgo, pero el amor, el cariño y la lealtad de los Acuario suavizan su indisponibilidad emocional y su desapego.

Al igual que a los Leo, a los Acuario les encanta tener amigos. Se preocupan mucho por los seres humanos y los temas humanitarios, por lo que se puede afirmar que les encanta estar rodeados de gente. Son sociables y les encanta observar a la gente reaccionar e interactuar. Recogen información sobre su entorno con fines educativos la mayor parte del tiempo. Aprenden mucho sobre la psique humana a partir de sus interacciones o de sus observaciones.

Debido a sus habilidades sociales, son muy hábiles en la creación de redes y suelen tener contactos de todos los ámbitos de la vida. Son excelentes miembros de cualquier equipo en el que participen y disfrutan con diferentes actividades de grupo.

Urano rige este signo y ejerce una gran influencia sobre él. Acuario es orgullosamente poco convencional. No sucumben a las reglas sociales a gran escala y lo mismo podría decirse de su vida personal. No siguen las reglas de la casa ni se dejan llevar por la corriente en sus grupos de iguales.

Puede que hayan crecido sintiéndose diferentes a los demás. Es posible que se hayan sentido alienados y que les haya costado relacionarse con su entorno. Esto les pasó factura durante sus años de infancia, pero abrazaron esa energía cruda de Urano que llevaban dentro a medida que crecían.

Descubrirá que los Acuario expresan su originalidad en su ropa, estilo artístico, música, decoración de la casa o cualquier cosa que vean en público. Inconscientemente se empeñan en decir: "Soy diferente, soy original" y eso se nota.

Podrían ser vistos como rebeldes, pero la verdad es que solo son personas individualistas y libres. No seguirán adelante con nada que comprometa su libertad o reprima su originalidad.

Urano les confiere esa frialdad o actitud de desapego. Así que, en una relación cercana con un Acuario, deles su espacio y distancia. Con el tiempo se abrirán a usted cuando no se sientan presionados. Comprenda que le quieren, pero no soportan que nada ni nadie afecte su libertad.

El aguador es el símbolo de este signo. Los humanos no pueden vivir sin agua. Es una necesidad absoluta. El agua representa aquí el conocimiento y la invención. La tecnología y los inventos no habrían existido sin los conocimientos básicos. Por eso estos temas se asocian a este signo.

Son inventivos y ávidos buscadores de conocimientos. Están aquí para sacar a la luz nuevas ideas, por muy poco convencionales o extrañas que parezcan al principio. Su mente es futurista y a menudo se preguntan sobre conceptos poco convencionales que podrían utilizarse para la humanidad.

Acuario es un signo de aire, por lo que tienen talento para la comunicación. Sin embargo, saben mantener las distancias cuando es necesario. Este signo no se siente cómodo con los compromisos debido a su desapego natural. Puede que no sean el signo que se sienta más cómodo con la vulnerabilidad emocional y no logran captar su importancia.

Al igual que otros signos fijos, Acuario es obstinado en ocasiones. Pero su modalidad fija le da la determinación para seguir adelante con sus objetivos. A diferencia de otros signos fijos, tienen una mentalidad más abierta a opiniones e ideas diferentes, pero lo más probable es que al final se escuchen a sí mismos.

Palabras clave:
- Progresista
- Intelectual
- Tolerante
- Científico
- Altruista
- Independiente
- Rebelde

- Tímido
- Frío
- Imprevisible
- Impersonal

Símbolo: Aguador
Frase clave: "Lo sé".
Modalidad: Fijo
Elemento: Aire
Regente planetario: Urano
Signo opuesto: Leo
Casa: 11ª

Piscis ♓

Periodo: 22 de febrero - 21 de marzo

El último signo del zodíaco es Piscis. La colocación de este signo es interesante porque a menudo se compara con Aries. Aries es el primer signo, por lo que es casi como el bebé del zodíaco y se puede considerar a Piscis del mismo modo.

Los Piscis son sabios y tienen esa energía de "alma vieja" que reside en ellos. Son el último signo, lo que les hace estar en sintonía con las energías del universo.

Son empáticos y comprensivos por naturaleza. La gente podría confundir estos rasgos con pasividad, pero es todo lo contrario. Los Piscis comprenden cómo funcionan los seres humanos y el mundo. No sienten la presión de demostrar quiénes son ni de presumir de sus capacidades ante los demás porque entienden que todo es finito.

También son opuestos a Virgo, por lo que también les gusta estar al servicio de los demás. Están disponibles para ayudar a los demás ya sea emocionalmente o en cualquier otro ámbito de la vida. Tienen una gran generosidad en su interior para dar a los demás constantemente.

Debido a su gran empatía y disposición a ayudar, a menudo se auto aíslan. La gente a veces se toma esto como algo personal, pero los Piscis necesitarán sentarse en su rincón y recargarse. Están constantemente conectados a la energía de todo el mundo, hasta el punto de que necesitan descansar y reponerse.

Neptuno rige este signo. Esto dice mucho de sus capacidades espirituales y psíquicas. Están en sintonía con el universo sin esfuerzo, por lo que son espirituales por naturaleza, aunque aún no sean conscientes de ello.

Su imaginación no conoce límites. Alimentados por Neptuno, pueden ser soñadores y viajar por mundos en su mente. No están demasiado apegados a este reino porque sus mentes están subconscientemente en sintonía con diferentes reinos simultáneamente. Es muy probable que experimenten otros reinos con diferentes dimensiones mientras duermen.

Su energía neptuniana se intensifica cuando participan en cualquier actividad espiritual ya sea a través de la meditación o estando al servicio de los demás. Su planeta regente también les proporciona una comprensión única del sexo. Para Piscis, el sexo es un acto espiritual y cuanto más cómodos se sienten con su sexualidad, más abiertos se vuelven. Una vez que alcanzan este estado de paz interior con su sexualidad, su energía y su aspecto cambian, se sienten más abiertos a los demás y su presencia es reconfortante y acogedora.

Neptuno también les proporciona un amplio aprecio por el arte, especialmente la música. Los Piscis sienten la música a un nivel energético. Son de los que sienten la letra o sienten la música hasta la médula. La mayoría de ellos tienen un talento natural para los instrumentos. Otros simplemente sienten un gran aprecio por la música en general.

Este planeta también convierte a un Piscis en una especie de escapista. A veces la vida se les hace demasiado dura y prefieren evadirse a otro mundo ya sea a través de un libro o una película. Otros se evaden consumiendo ciertas sustancias que no se catalogarían como especialmente saludables. Mientras Piscis afronte una cantidad saludable de escapismo, no debería enfrentarse a ningún problema.

Este signo está simbolizado por dos peces que van en direcciones opuestas. Un pez está conectado con la realidad y el otro con el reino espiritual. Un pez quiere alcanzar objetivos relacionados con la tierra, como un trabajo, una carrera profesional, dinero y estatus. El otro pez quiere cuidar los niveles energéticos y ayudar a los demás con su energía y espiritualidad.

Esto puede causar una lucha para los Piscis, ya que van y vienen entre las exigencias de ambos reinos. Por eso también les cuesta ser prácticos con objetivos realistas.

También son sanadores espirituales, por lo que son muy sensibles y comprensivos. Le ayudarán a sanar en distintos ámbitos de la vida, pero usted también tiene que demostrar que se preocupa por ellos.

Su elemento agua también pone de manifiesto su sensibilidad. Al igual que sus otras hermanas de agua, sienten las emociones a un nivel más profundo. Pueden perderse en sus emociones debido a su energía neptuniana. Están conectados a sus emociones, y aunque no están cegados por ellas, pueden perderse fácilmente.

También son un signo mutable, por lo que son bastante desenvueltos y tienen mucha creatividad para compartir con los demás. Normalmente, cuando se les entrega una tarea, añaden su toque creativo a esa tarea y la hacen mucho mejor que cuando se les entregó.

Palabras clave:

- Soñador
- Introspectivo
- Musical
- Científico
- Altruista
- Independiente
- Pesimista
- Melancólico
- Indolente
- Tímido

Símbolo: Dos peces unidos
Frase clave: "Creo".
Modalidad: Mutable
Elemento: Agua
Regente planetario: Neptuno
Signo opuesto: Virgo
Casa: 12ª

Capítulo 4: Las doce casas

La carta natal se divide en doce secciones llamadas casas. En astrología, las casas están regidas por determinados planetas y signos. El gobierno se basa en temas compartidos entre las casas, los signos y los planetas. Por ejemplo, la luna rige Cáncer porque está relacionada con los instintos maternales, la maternidad, la crianza, la casa de la infancia y la energía femenina en general. Estos temas coinciden con la cuarta casa y, por lo tanto, están regidos por la luna y Cáncer.

Tenga en cuenta que se considera la colocación perfecta si tiene la Luna o Cáncer en la cuarta casa. Este cuerpo luminoso o signo está en armonía con su colocación. Por supuesto, esto no siempre significa que usted haya tenido la crianza perfecta y la mejor casa de la infancia, pero dependiendo de los aspectos del planeta, no es una desventaja.

La Casa Primera: La casa del yo

El ascendente se sitúa en la cúspide de la primera casa. Su ascendente representa su persona exterior en astrología, o más bien cómo le percibe la gente. Por lo general, la gente no llega a ver su verdadero yo una vez que le conoce. Pero sí conocen su ascendente. Digamos que su signo solar está en Libra y que su ascendente está en Capricornio para entenderlo mejor. Esto significa que la gente le ve como un Capricornio y usted actúa como tal, pero cuando llegan a conocerle más, se encuentran con su signo solar.

Esto no quiere decir que este sea un lado falso de usted; es muy real. Piense en ello como la primera capa de su personalidad. Su ascendente también desempeña un papel vital en el crecimiento, especialmente durante la infancia. Es decir, cuando usted era niño, se comportaba según el signo ascendente, no según el signo solar.

El ascendente también le informa de cómo actuará y se presentará durante las nuevas fases de la vida. Cada vez que se encuentre en un lugar nuevo, con gente nueva o haya entrado en un nuevo capítulo, se comportará según su signo ascendente. Por lo tanto, si quiere conocer mejor sus modales, puede que le interese echar un vistazo a su signo ascendente, que estará situado en la cúspide de la primera casa.

Usted también se parece a su ascendente. Si su ascendente es Libra, entonces su cuerpo está bien proporcionado y su cara o su cuerpo son atractivos. Los astrólogos han llegado a esta conclusión basándose en los siguientes factores: el regente del ascendente, las características del ascendente y el regente de la primera casa. En este caso, Libra es el ascendente, por lo que Venus rige Libra, lo que implica belleza física. A Libra le gusta el equilibrio, de ahí el cuerpo bien proporcionado. Aries rige la cabeza, lo que sugiere un rostro bello. Puede aplicar la misma lógica a su signo ascendente. Piense en él como en un espejo astrológico en el que puede mirarse y ver su reflejo.

La primera casa y el ascendente conforman en gran medida su identidad y su ego. Su identidad es su signo ascendente y los planetas de la primera casa. No todo el mundo tiene planetas en su primera casa. Esto no significa necesariamente nada, pero quizá quiera leer sobre su signo ascendente si este es su caso. Sin embargo, si tiene planetas allí, quizá quiera entender cómo le influyen y cómo afectan a su ego.

Tenga en cuenta que el planeta que rige su signo AC es el planeta que tiene el gobierno sobre su carta. ¿Qué significa esto? La regencia de la carta significa que el planeta que rige su signo AC es el planeta que tiene el efecto más fuerte sobre usted. Por lo tanto, cuando este planeta está retrógrado, en tránsito o en progresión, usted será el más afectado por él. Es como si usted fuera específicamente sensible al movimiento de este planeta.

Si su AC es Aries, Marte rige su carta. Por lo tanto, cuando Marte esté en tránsito y un aspecto con otro planeta lo afecte, sentirá este aspecto fuertemente.

Palabra clave: Identidad

Planeta regente: Marte

Signo: Aries

La Casa Segunda: La casa de la sustancia

La segunda casa rige la seguridad personal. Esto incluye la seguridad financiera, física y emocional. Tauro, un signo de tierra, rige esta sección para entenderlo mejor. Esto significa que esta zona de su carta representa su dinero y otros objetos materialistas que posee. También refleja su relación con el materialismo y cómo ve su dinero.

Por ejemplo, digamos que Aries está en su segunda casa. Esto le indica que es directo con la forma de conseguir su dinero y que tiene mucha energía y creatividad con la forma de obtener la cantidad de dinero que necesita. También sugiere que usted es un emprendedor o que recibe sus ingresos a través de proyectos independientes. También es posible que sea impaciente y necesite recoger inmediatamente las semillas que ha sembrado.

También puede obtener información sobre lo que desea y cómo desea obtenerlo. Puede que sus deseos sean un misterio para usted en este momento, pero si examina esta sección, podrá comprender lo que necesita y desea profundamente tener en su vida. Basándose en esto, podrá comprender lo que atrae a su vida y cómo lo atrae.

La segunda casa también está relacionada con la autoestima y el valor. La forma en que se percibe a sí mismo y lo que piensa de sí mismo están influidos por esta casa, su signo y los planetas que hay en ella. Las personas con Neptuno en la segunda casa, por ejemplo, pueden hacerse ilusiones sobre su valía. La exageran o la consideran mucho menor de lo que es. Algunas personas tienen falsas creencias sobre sí mismas debido a la influencia de Neptuno.

Para tener una idea más clara, compruebe su signo de la segunda casa y vea si hay algún planeta en ella. Después de hacerlo, estudie el signo de esta zona de su carta natal y establezca comparaciones entre él y su forma de ver y comportarse en torno a sus posesiones y su autoestima. La misma lógica se aplica a los planetas, si hay alguno allí. Los planetas influirán en usted para que se comporte de una determinada manera y es posible que muestre algunos rasgos de dicho planeta.

Palabra clave: Valores
Planeta regente: Venus
Signo: Tauro

La Tercera Casa: La casa de la comunicación

Mercurio y Géminis rigen la tercera casa, por lo que esta tiene que ver con las facultades mentales. Para comprender mejor esta sección, puede fijarse en su colocación en la carta natal. La casa tercera está opuesta a la casa novena. Ya sabe que la oposición en astrología no es casual, sino que siempre tiene un propósito. La tercera casa rige la parte cognitiva del cerebro, mientras que la novena rige los conceptos abstractos que genera la mente. En otras palabras, esta zona de la carta astral rige el pensamiento analítico, la comunicación, la escritura, la lógica, la compartimentación y otras funciones del hemisferio izquierdo del cerebro.

Si siente curiosidad por su proceso de pensamiento, por cómo se le ocurren sus ideas y por cómo se comunica con los demás o consigo mismo, quizá le interese comprobar su signo de la tercera casa para ver si hay algún planeta en ella. Para conocer mejor esta parte de su cerebro, quizá desee comprobar los aspectos entre los planetas de la tercera casa y Mercurio.

También puede conocer su actitud hacia el conocimiento y el aprendizaje. Por ejemplo, los Escorpio en la tercera casa podrían utilizar el conocimiento en su beneficio o ser reservados con lo que saben. Los Escorpio perseguirán el conocimiento siempre que despierte su curiosidad. También tienden a perseguir lo que no está en la superficie. Por otro lado, los Leo pueden ser generosos con sus conocimientos una vez que usted forma parte de su círculo.

La tercera casa también rige las relaciones con hermanos, primos, tíos y vecinos. El tipo de colocaciones en la tercera casa puede asemejarse a ciertos rasgos que tienen sus hermanos o a características que usted proyecta en ellos.

Esta zona de su carta natal también da forma a sus primeras experiencias escolares. Usted aprendió de sus compañeros y amigos al igual que lo hizo de sus profesores durante sus años escolares. Además, los astrólogos afirman que varios planetas en la tercera casa sugieren que la persona cambió frecuentemente de ambiente mientras crecía.

Palabra clave: Conciencia
Planeta regente: Géminis
Signo: Mercurio

La Cuarta Casa: La casa de las raíces

El Imum Coeli, también conocido como IC, tiene lugar en la cúspide de la cuarta casa. Imum Coeli es el "fondo del cielo", en referencia a nuestras raíces. Temas como la infancia, los padres, el hogar, la vida familiar y la vida interior se dan en la cuarta casa.

El signo de su cuarta casa es revelador de su infancia y del tipo de niño que fue. ¿Recibió amor? ¿Creció en una casa que le proporcionaba amor y calor? ¿O creció en un ambiente frío y solitario? Estas son el tipo de preguntas que puede hacerse al revisar esta sección de su carta natal.

La Luna y Cáncer rigen la cuarta casa, por lo que no es de extrañar que esta represente a la madre y la vida familiar. Si una nube se cierne sobre su relación con su madre o su familia inmediata, puede buscar este tipo de conocimiento en su signo de la cuarta casa.

Debe prestar atención a los planetas que se encuentran en esta sección. Por ejemplo, si tiene a Neptuno en la cuarta casa, es posible que sus padres hayan tenido una visión ilusoria de quién es usted como persona. Es posible que le hayan visto como una prolongación de sí mismos o que le hayan colocado en un pedestal en lugar de tratarle como a un niño.

Si tiene planetas en la cuarta casa, lo mejor es que los estudie y comprenda cómo afectaron a su infancia. Algunas personas tienen la Luna en la cuarta casa. Esto no siempre significa que tuvieran una madre cariñosa. Puede significar que tuvieron que asumir el papel de cuidadores a una edad temprana y que nadie les cuidó durante sus años de infancia.

Los astrólogos dicen que la cuarta casa a veces se refiere al padre, no solo a la madre. Por eso es mejor considerar la cuarta casa como una sección que retrata la vida familiar temprana, no necesariamente solo la relación con la madre.

La cuarta casa también está relacionada con nuestra alma. Esto significa que los planetas en la cuarta casa y su signo de la cuarta casa también le describirán a usted. Por ejemplo, una persona que tenga Capricornio como signo de la cuarta casa podría haber crecido en un ambiente frío. También significa que, en el fondo, es una persona trabajadora y que le cuesta abrirse a sus emociones.

Palabra clave: Raíces
Planeta regente: La Luna
Signo: Cáncer

La Quinta Casa: La casa del placer

La quinta casa está regida por el Sol y Leo. Naturalmente, esta casa tiene que ver con las salidas creativas, el placer y los niños. La cuarta casa revela una parte de su identidad en lo más profundo de su ser que quizá haya pasado por alto. Pero la quinta casa es exactamente lo contrario. Es la parte de su identidad con la que más se identifica o que más placer le proporciona.

Dado que esta parte está regida por el Sol, que es el ego y por Leo, a quien le encanta ser el centro de atención, esto es natural. Varios factores de la carta natal conforman su personalidad única. La quinta casa representa una parte de su identidad que le hace brillar y le hace único.

El signo de su quinta casa revela dónde alcanzan su punto álgido su creatividad y su personalidad única. Participar en actividades armoniosas con su signo de la quinta casa puede hacerle sentir que está en la cima del mundo. Le da placer y le aporta felicidad. Por eso esta sección rige su placer en la vida.

Esta sección de su carta natal también rige a los niños. Puede que esto le parezca extraño al principio, pero el sol da vida a todo y por eso es el regente de la quinta casa. Naturalmente, esta parte también rige a los niños.

Esto no siempre significa que vaya a tener hijos a lo largo de su vida. Sin embargo, podría mostrar el papel de los niños en su vida. Las personas con Júpiter en la quinta casa tienen muchas probabilidades de tener hijos propios. Otros tienen a Urano en su quinta casa, lo que podría significar que podrían adoptar o ser una figura materna o paterna para los niños de su vida.

También pueden conocer mejor sus talentos a través de esta zona de su carta natal. Las personas con Escorpio en su quinta casa podrían deleitarse haciendo algún trabajo detectivesco como pasatiempo. Puede que disfruten practicando, haciendo o leyendo más sobre ocultismo. Dada la naturaleza sexual de los Escorpio, también podrían disfrutar de una rica vida sexual.

Es importante dedicarse a cualquier salida creativa armoniosa con su signo de la quinta casa. Esto le proporcionará una sensación de verdadera alegría, en la que se encontrará realmente en su elemento. Por ejemplo, los signos de la quinta casa, como Tauro, podrían ser grandes chefs y disfrutar haciendo comida para los demás. A los Cáncer podría gustarles diseñar casas, crear un ambiente acogedor o ser decoradores de bodas. Los Piscis podrían perderse en la música y la fotografía y podrían pasar la mayor parte del tiempo cantando, haciendo música o tomando fotografías.

Averigüe qué signo reside en su quinta casa y compruebe si hay algún planeta en ella. Para obtener más información, puede comprobar qué tipo de aspectos tienen estos planetas con su sol. Así podrá comprender mejor cómo le gusta esforzarse creativamente y conocer mejor su ego y su identidad.

Palabra clave: Creatividad

Planeta regente: El Sol

Signo: Leo

La Casa Sexta: La casa del servicio

Mercurio y Virgo rigen la sexta casa. Naturalmente, esta casa está asociada con el servicio y el deber. Esta sección le muestra cómo puede servir a los demás. Esto no siempre significa servicio a lo largo de su carrera; podría tratarse simplemente de cómo puede mostrarse a los demás y ofrecerles ayuda real.

Esta sexta casa hace agujeros en su confianza, no para derribarle, sino para hacerle mejor, de forma muy parecida a la energía de Virgo. Esta sección le ayuda a ser más dedicado y consciente de sus responsabilidades. También muestra la naturaleza de su servicio y de las personas que le sirven. Dependiendo de las colocaciones de los planetas, podrá comprender mejor esta parte si tiene alguna allí.

Si desea saber más sobre su posición en el lugar de trabajo y la naturaleza de su relación con sus jefes, la sexta casa es la sección perfecta para comprobarlo. Podrá ver si tendrá luchas de poder, si sus superiores abusarán de su tiempo y energía, o si tiene algún problema con ellos. Por ejemplo, Marte en la sexta casa puede darle suficiente energía para trabajar, pero también puede provocar tensiones con sus colegas porque le hará un poco competitivo. Una colocación en Escorpio puede provocar un ambiente caótico entre usted y sus colegas.

Sin embargo, eso no es todo lo que hay en la sexta casa. También rige a sus mascotas ya sean las suyas o las que viven a su alrededor. Puede querer a su mascota todo lo que quiera, pero el amor no basta para mantener su vida. Por eso la sexta casa representa a las mascotas. Usted cuida de ellos y ellos le dan amor y afecto a cambio.

Esta sección también representa su salud y bienestar. Puede obtener más información sobre la naturaleza de su salud a través del signo de la sexta casa y las colocaciones de los planetas en esta sección. Por lo general, querrá ver planetas que aumenten su vitalidad o le proporcionen buena suerte en lo que se refiere a su salud.

Palabra clave: Deber

Regente planetario: Mercurio

Signo: Virgo

La Séptima Casa: La casa de las relaciones

La séptima casa está regida por Venus, el planeta del amor y la belleza y Libra, un signo centrado en lo social al que le encanta amar. La séptima casa es donde se reflejan sus relaciones íntimas. Estas relaciones están representadas por el signo de la séptima casa y la colocación de cualquier planeta en esta sección de su carta natal.

Este tipo de relaciones no es lo único que representa esta casa. Su actitud hacia ellas y el tipo de personas que atrae y por las que se siente atraído también se dan en la séptima casa. Puede aprender mucho sobre su actitud hacia la intimidad y su comportamiento con sus parejas. Si no tiene ningún planeta en esa casa y desea saber más sobre su lenguaje amoroso y su forma de amar, puede estudiar su colocación de Venus y sus aspectos.

La séptima casa también alberga al descendente, o DC para abreviar. El descendente es opuesto al ascendente y representa la primera capa de su personalidad, o mejor dicho, cómo le percibe la gente. El descendente es exactamente lo contrario, ya que representa una parte profunda de usted que no todo el mundo llega a ver. Algunos astrólogos piensan que los rasgos del descendente son cualidades reprimidas dentro de usted. Otros creen que las cualidades del DC son las que usted busca en otras personas, concretamente en sus parejas.

Las dos escuelas de pensamiento podrían aplicarse a tantos niveles que usted puede interpretar su DC de cualquiera de las dos maneras. Algunos astrólogos creen que el signo DC puede mostrarle las cualidades que busca en una pareja, o más bien las cualidades hacia las que se siente atraído.

Los astrólogos también creen que la séptima casa no solo representa las relaciones íntimas. Muestra sus amistades íntimas o sus relaciones de pareja en general. Así, su mejor amigo, un socio comercial cercano o un compañero de vida están representados por sus colocaciones en la séptima casa.

Tenga en cuenta que el signo de su DC no implica necesariamente que el signo solar de su compañero de vida sea el mismo signo que el de su DC. Sin embargo, podría indicar el tipo de cualidades que encarnan. Por ejemplo, si tiene un DC de Cáncer, es posible que le atraigan las parejas cariñosas y afectuosas. Quizá quiera a alguien que cuide de usted para variar o a alguien que le haga sentir como en casa. Otras personas con CC de Capricornio podrían sentirse atraídas por parejas que les ayuden a organizar su vida y a poner en orden sus tareas. Tal vez se sientan atraídos por alguien que tenga una buena posición económica y sea consciente de su presupuesto.

Las colocaciones en la séptima casa son extremadamente importantes porque influyen mucho en sus relaciones en la vida. Por ejemplo, alguien con la colocación de Urano en la séptima casa podría sentirse atraído por personas excéntricas y amantes de la libertad. Sin embargo, esta colocación también sugiere que sus relaciones podrían terminar bruscamente o sin un motivo concreto. Otra interpretación es que el individuo podría experimentar relaciones inestables o que atrae relaciones inestables que acaban provocando el caos a su paso.

Palabra clave: Cooperación
Regente planetario: Venus
Signo: Libra

La Octava Casa: La casa de la muerte

La octava casa está regida por Plutón, el planeta de la muerte, el renacimiento y Escorpio, el signo reservado e intenso. La octava casa está vinculada a varios aspectos, pero todos están relacionados con temas plutonianos.

La octava casa viene después de la séptima, la casa de las sociedades. Esta sección de su carta natal le cuenta la historia de los felices para siempre. Le cuenta cómo será su vida después de haber compartido o fusionado su vida con otra persona. Responde a preguntas como: ¿va a ser fluida la fusión? ¿Controlará un miembro de la pareja al otro? ¿Cómo será su vida después de la unión?

Al fusionar su vida con la de su pareja, surge un nuevo usted. Compartir su energía, su tiempo y sus bienes personales le pone en diversas situaciones con su pareja que les cambian a ambos. A través de esto, el viejo usted muere y el nuevo yo, renace, lo que tiene sentido, ya que Plutón rige esta casa. Sin embargo, usted y su pareja experimentarán algunas fricciones y tensiones porque el Escorpio controlador intentará tener la sartén por el mango. Sin embargo, en las relaciones sanas no existe la superioridad y eso es lo que aprenderá con el tiempo y el crecimiento emocional.

Las colocaciones de los planetas en esta casa también son muy importantes. Un planeta puede facilitarle los temas de la octava casa, mientras que otros pueden causarle lentitud, enfado o frustración. La colocación de Neptuno puede provocar una falta de límites en la relación e ilusiones sobre quién es su pareja. También puede provocar que una persona se haga ilusiones sobre los defectos de la relación o problemas importantes en la misma. Las ideas sobre el sexo y la transformación de la identidad pueden debilitarse con ese emplazamiento, por lo que el individuo tiene que pasar por un proceso de metamorfosis para despertar y desilusionarse de la ceguera de Neptuno.

La octava casa permite resolver los acontecimientos ocurridos en la cuarta casa. La cuarta casa se asemeja principalmente a la madre, por lo que si su relación con ella fue turbulenta o vacía de amor, estos temas están destinados a reaparecer en la octava casa y le pone en riesgo de perder la relación con su pareja. El individuo tiene que pasar por un proceso de enfrentarse a antiguos miedos relativos a perder a alguien a quien ama o a perder a alguien que le ama. Esto solo puede tener dos resultados, sucumbir a estos miedos o curarse de ellos. De cualquier forma, Plutón se asegurará de que el individuo se transforme por completo durante esta fase de su vida.

La octava casa también tiene que ver con la herencia ya sea de dinero o de bienes. Por ejemplo, Júpiter en esta colocación puede influir en que le lleguen muchas riquezas a través de la herencia. También puede ayudar con los inspectores de hacienda y las deudas en general, a diferencia de la influencia de Saturno, que puede provocar la bancarrota o tener una pareja que no esté bien económicamente.

Palabra clave: Transformación
Regente planetario: Plutón
Signo: Escorpio

La Casa Novena: La casa de la filosofía

Regida por Júpiter, el planeta de la abundancia, la mente superior y Sagitario, el filósofo, la casa novena es donde usted trasciende en su carta natal. La novena casa es donde usted se hace preguntas sobre la existencia y el sentido de la vida. Al igual que la 3ª casa, la novena tiene que ver principalmente con el pensamiento. Sin embargo, la casa 3 se ocupa más de los hechos, mientras que la casa 9 se ocupa de las ideas abstractas.

Para explicarlo mejor, la casa IX tiene que ver con la mente superior. Puede que entienda las cosas en la tercera casa, pero que formule una opinión definitiva sobre ellas en la novena.

Esta sección trata de la búsqueda de sentido. La novena casa alimenta la necesidad de comprender el significado que hay detrás de las luchas de la vida, por qué está usted aquí y otras cuestiones existenciales.

Por eso esta parte está relacionada con Dios, o más bien con la idea de Dios y la religión en general. No tiene mucho que ver con la fe, tanto como con la búsqueda del conocimiento de las cosas que están más allá de nuestra comprensión como seres humanos.

La novena casa también puede revelarle a qué tipo de Dios rezaría o qué religión seguiría. También puede mostrarle la naturaleza de su espiritualidad. Quizá sea usted una persona que no cree en un poder superior. O quizá sí, pero no quiere seguir necesariamente una fe específica. Si estas áreas son un misterio para usted, quizá sea el momento de que compruebe las colocaciones de su novena casa.

Esta parte también tiene que ver con los viajes, las culturas extranjeras y las personas. La conexión aquí es sencilla. A medida que eleva su mente y accede a su mente superior, puede elevarse físicamente y entrar en un mundo completamente nuevo con reglas y normas diferentes a las suyas.

Viajar aquí funciona a dos niveles, tanto literal como figurativamente. Una colocación de Júpiter aquí puede hacerle viajar a muchos lugares, pero también puede ponerle en situaciones en las que viaje con su mente o espíritu. Esto podría ocurrir a través de la meditación o de cualquier forma de experiencia espiritual.

La novena casa tiene que ver con la curiosidad y los estímulos mentales. La colocación de cualquier planeta aquí es importante. Por ejemplo, si tiene a Marte en la novena casa, usted es directo con su comunicación, especialmente en los desacuerdos. También significa que necesita estímulos mentales en su vida diaria. De lo contrario, el aburrimiento se apodera de usted.

Si tiene a Venus en esta zona, significa que le atraen las personas que pueden hablar con usted de las cosas más abstractas de la vida. Es más probable que le interesen las personas que piensan filosóficamente y no tienen miedo de hacer preguntas y examinar la realidad que hay detrás de todo lo que les han enseñado.

La colocación de Venus aquí es bastante optimista. Las personas con esta colocación creen que todo lo que les ocurre es, en última instancia, por un bien mayor. Sin embargo, Saturno en la novena casa puede hacer que un individuo tenga dificultades para ver el significado detrás de los acontecimientos de la vida. También pueden creer que la vida es absurda y que no hay nada en juego.

Palabra clave: Ambición

Planeta regente: Júpiter

Signo: Sagitario

La Casa Décima: La casa del estatus social

El Medium Coeli, también denominado Medio Cielo o MC, está situado en la cúspide de la casa X. Esta es la cúspide de su carta natal. Cualquier colocación planetaria destaca aquí en comparación con las demás. Esta es la energía que más exuda, la gente le ve como esta energía y es idealmente como a usted le gustaría que le vieran.

Por ejemplo, si tiene a Urano en esta posición, puede que sea inventivo y original. La gente se dará cuenta de ello y verá que usted marcha al ritmo de su propio tambor y al mismo tiempo, a usted le gusta que le vean como tal.

Para comprender el MC, preste atención a su relación con el IC. Están situados uno frente al otro y reflejan lados o partes diferentes de su vida. Mientras que el IC refleja sus raíces, su hogar, su vida emocional invisible, su energía y su pasado, el MC refleja el punto más alto que alcanzará, su carrera, su energía visible y su futuro.

La décima casa está co-regida por Saturno y Capricornio. Naturalmente, esta casa está asociada a su trayectoria profesional junto con la disciplina y la dedicación para alcanzar sus deseos profesionales. Las colocaciones de signos y planetas en esta casa pueden revelar la naturaleza de su trabajo y el enfoque que tiene respecto a su carrera.

Para explicarlo mejor, imagine una colocación de Marte que muestre que usted tendrá mucho empuje y energía mientras persigue su trabajo o campo. Esta colocación también puede mostrar que usted puede ser bastante agresivo en su vida profesional.

Si tiene un emplazamiento de Saturno aquí, es posible que sea muy estricto con las normas o que haga las cosas según las reglas. También sugiere que llegará puntual al trabajo y que tiene las cualidades de un empleado ideal. También podría mostrar que usted espera que todo el mundo haga lo mismo en el lugar de trabajo. La gente que no se atiene a las normas o que hace las cosas a su manera puede ponerle de los nervios. Puede tener una visión limitada de cómo deben realizar las tareas sus empleados o compañeros. Cualquier estilo alternativo que difiera del suyo se considerará inadecuado o poco profesional.

Las colocaciones aquí pueden indicar el tipo de energía que usted exuda y que la gente capta. Por ejemplo, los colocados en Cáncer podrían presentarse como cuidadosos o afectuosos y la gente los verá así. Neptuno podría ser el individuo soñador y perdido que es el mártir o la víctima de los demás.

Si siente curiosidad por su vida profesional y la energía que presenta al mundo, quizá desee estudiar sus colocaciones en la décima casa. También puede comprobar los aspectos que tiene allí y si no tiene ninguno, entonces compruebe el signo que se encuentra en la cúspide de su MC.

Palabra clave: Carrera

Planeta regente: Saturno

Signo: Capricornio

La Casa Undécima: La casa de las amistades

La undécima casa está co-regida por Saturno y Urano. Esto hace que esta sección de la carta natal se fije en las relaciones más allá de nosotros. Esta zona refleja su comunidad ya sea un grupo religioso, espiritual, político o social. Esta sección también refleja nuestra dinámica en dicha comunidad. Muestra el papel que desempeñamos de forma natural y puede revelar las personas o comunidades hacia las que nos sentimos atraídos.

Según los astrólogos, los efectos de Saturno y Urano dan tonos diferentes a esta casa. Lo interesante aquí es que ambos planetas aportan energías diferentes que a veces pueden chocar. Por ejemplo, Saturno puede querer la exclusión. No se siente cómodo con nuevos miembros en el grupo ni con cambios en la dinámica del grupo. Por otro lado, Urano está abierto a todo el mundo y se siente cómodo probando cosas nuevas o cambiando de las viejas costumbres a las nuevas.

Saturno en la undécima casa puede estar demasiado preocupado por los grupos diferentes a él. Por ejemplo, aquí Saturno podría estar preocupado por los inmigrantes de su país o por los nuevos vecinos de su ciudad. Compruebe si tiene este planeta allí y estudie sus colocaciones. Recuerde que solo le inspirará preocupación. Sin embargo, aún puede acercarse al grupo diverso del que está rodeado, canalizando más energía de Urano y Acuario asociada a esta casa.

Esta casa da prioridad a las causas humanitarias y a la innovación y está muy afectada por la energía de Acuario. Este signo se fija principalmente en la justicia para la humanidad, la armonía, el equilibrio entre todos los grupos sociales, la apertura y la voluntad de desprenderse de las viejas costumbres y la disposición para un mañana mejor.

Para saber más sobre su posición en todo esto, compruebe el tipo de colocaciones que tiene. Estudie su signo de la undécima casa y los planetas con todas sus características, si tiene alguno allí. He aquí cómo puede interpretar sus colocaciones. Si tiene la Luna allí, es posible que se sienta más cómodo con personas similares a usted. Similares aquí significa que comparten las mismas creencias y filosofías. También estará emocionalmente conectado con las causas en las que participe.

Una colocación de Venus aquí puede funcionar a dos niveles. En lo que respecta a su vida social, Venus le dotará de inteligencia social; estará muy lejos de ser un inepto social. Apreciará estar en una dinámica de grupo y la gente gravitará naturalmente hacia usted. En cuanto a las relaciones, podrá aprender sobre el tipo de relaciones en las que le gusta estar. Aquí Venus puede sentirse atraído por la originalidad y la excentricidad, reflejando la energía de Acuario.

Recuerde que cualquier planeta puede estar afligido, por lo que su energía venusina en la undécima casa puede afectarle tanto de forma beneficiosa como desventajosa. Compruebe los aspectos que Venus tiene aquí con otros planetas. Si no tiene aspectos difíciles, puede considerar que este emplazamiento es beneficioso.

Palabra clave: Conciencia social

Corregentes planetarios: Urano y Saturno

Signo: Acuario

La Casa Duodécima: La casa de los finales

La duodécima casa es una de las más profundas y misteriosas de la carta natal. Esta sección rige lo desconocido como concepto, como todo lo que es secreto o ha estado encerrado en su cerebro o las cosas que están bajo la superficie. Esto incluye cosas como sus debilidades y fortalezas ocultas. Como Neptuno y Piscis también rigen su subconsciente, también está regido por esta casa. Su subconsciente es poderoso, sobre todo porque ha almacenado información que usted ha olvidado durante mucho tiempo desde que nació. Usted actúa basándose en lo que su subconsciente considera seguro, por lo que a menudo se mete en problemas en amistades y relaciones.

Lo bueno de esta casa es que le da pistas y le revela lo que ocurre en su subconsciente. Estudiar esta parte de su carta natal puede ayudarle con cuestiones psicológicas de las que no es consciente. Si tiene alguna colocación de planetas en esta casa, entonces debe estudiar sus aspectos. Los aspectos de la duodécima casa pueden revelarle mucho sobre sus pensamientos subconscientes y puede comenzar su viaje de curación a partir de ahí.

La duodécima casa también se conoce como la casa del karma. Aquí es donde se almacena su deuda kármica. Una vez revelada su deuda kármica, podrá conocer su experiencia de vidas pasadas y el tipo de deudas que necesita saldar durante esta vida.

Cuando los astrólogos hablan de la duodécima casa, siempre mencionan el concepto de unidad. Aquí es donde muere su ego y usted vuelve a ser uno con el todo. Por ejemplo, si tiene una colocación de Mercurio, puede que actúe como portavoz de su comunidad. Usted habla por ellos o les guía de alguna manera. Si tiene una colocación de Marte, puede que luche las batallas de su gente, exprese su furia o actúe en consecuencia.

También puede relacionar su signo y planeta de la casa doce e interpretarlos juntos para comprenderlos mejor. Por ejemplo, si tiene Libra y Marte, estará luchando por la justicia. Si tiene Libra y Mercurio, hablará en favor de la justicia.

Esta sección de su carta natal también se asemeja en el fondo a instituciones como hospitales y prisiones. Instituciones que mantienen a la gente alejada del resto de la sociedad. La duodécima casa se ocupa de asuntos secretos y clandestinos, por lo que, naturalmente, rige lugares que separan a la gente de la comunidad.

No todo el mundo tiene planetas en su signo duodécimo, así que no se alarme si no tiene ninguno. Para comprender mejor su casa duodécima en términos de su subconsciente y otros temas relacionados, compruebe las colocaciones de Neptuno y Piscis en su carta. Asimismo, compruebe el signo que se encuentra en la cúspide de su duodécima e interprételo para comprender mejor las partes ocultas de usted mismo.

Palabra clave: Subconsciente
Planeta regente: Neptuno
Signo: Piscis

Capítulo 5: Los principales aspectos planetarios

Una carta natal es un círculo dividido en doce casas y doce planetas. Los planetas ocupan el espacio en función de la hora de nacimiento. Hay dos cuerpos luminosos, ocho planetas mayores y un planeta menor distribuidos entre las doce secciones de su carta natal. Así pues, son once cuerpos alrededor de otro en un círculo. Con este tipo de distribución, los cuerpos están destinados a crear ángulos, que es lo que los astrólogos llaman aspectos.

Hay cinco aspectos principales divididos en dos categorías, aspectos suaves y duros. La conjunción, el sextil y el trígono se consideran aspectos suaves, mientras que la cuadratura y la oposición se conocen como aspectos duros.

Al final de cada aspecto, encontrará un ejercicio diseñado para poner a prueba sus conocimientos y su comprensión de la función de cada aspecto.

Conjunción

La conjunción se produce cuando dos planetas se encuentran a ocho grados de distancia. Se considera uno de los aspectos más fuertes de la Astrología. Cuando dos planetas están tan próximos, sus poderes se mezclan y crean una especie de híbrido. También potencian la influencia del otro, sobre todo si sus poderes son armoniosos.

Por ejemplo, si se da una conjunción entre la Luna y Venus, como ambos cuerpos concentran energía femenina, el resultado será un alto poder femenino. Puede esperar emociones armoniosas, un poderoso amor por la belleza y una elevada intuición de este aspecto.

Muhammad Ali tiene Marte en conjunción con MC. Según este aspecto, Ali tenía un poderoso impulso y determinación para hacer todo a su propio estilo. También se identificaba mucho con sus objetivos y se enfadaba y frustraba cuando alguien intentaba detenerle.

Ejercicio:

Indique el grado del aspecto y su influencia:

1. El Sol en conjunción con Júpiter.
2. Mercurio hace conjunción a Marte.

Sextil ✶

Otro aspecto suave es un sextil. Los astrólogos tradicionales dicen que un sextil se produce cuando dos planetas se encuentran a 60 grados de distancia. Otros astrólogos añaden o restan 3 grados a los 60 originales. Cualquiera de las dos formas es correcta.

Un sextil es un aspecto armonioso fuerte. Los aspectos armoniosos suelen eliminar las cualidades más duras de un planeta y combinar los rasgos positivos.

Para entenderlo mejor, imagine que su Venus está en Sextil Mercurio. Esto significa que usted tiene unas habilidades sociales brillantes y que le encanta la armonía y el equilibrio dentro de la dinámica de grupo. También significa que es usted encantadora y que sabe cómo hablar para salir airosa de situaciones desagradables.

Tome como ejemplo a Nina Simone. Su Venus está en sextil con Urano. Esto significa que disfrutaba de relaciones espontáneas que se basaban en la creatividad. Basándose en el efecto de Urano, sus relaciones podrían haber sido percibidas como raras o diferentes, pero a la señorita Simone esto no le importaba.

Ejercicio:

Indique el grado del aspecto y su influencia:

1. Luna sextil Sol.
2. Neptuno sextil AC.

Trígono △

El trígono es el último aspecto suave que evoca una relación armoniosa entre planetas. Este aspecto se produce cuando dos planetas se encuentran a 120 grados de distancia. Algunos astrólogos son rígidos con ese grado, mientras que otros le añaden o le restan 6 grados y siguen considerándolo un trígono.

Por ejemplo, alguien con el Sol en trígono con Saturno es una persona cuya identidad se basa en ser responsable, dedicada y fiable. También son leales y generosos en las relaciones y esperan las mismas cualidades a cambio. Este aspecto también sugiere que el padre de esta persona le enseñó a rendir cuentas y la importancia de ser responsable.

Ahora bien, ¿qué ha ocurrido aquí? El trígono anuló los rasgos egocéntricos del Sol y las duras lecciones de Saturno e integró las características más positivas de los dos cuerpos, creando un aspecto suave.

Otro excelente ejemplo de esto es Freddy Mercury, cuya luna está en trígono con Mercurio. Mercurio tenía una voz relajante que a la gente le encantaba escuchar gracias a este aspecto. También necesitaba una pareja excéntrica que pudiera estimular su mente con una comunicación auténtica.

Ejercicio:

Indique el grado del aspecto y su influencia:

1. Marte trígono Júpiter.
2. Sol trígono Urano.

Cuadratura □

Un cuadrado es un aspecto duro y se produce cuando hay 90 grados entre dos planetas. Este aspecto crea tensión y conlleva retos que la persona debe afrontar.

Dependiendo de las colocaciones de los planetas y de qué dos estén en cuadratura, estos desafíos pueden ser internos o externos, o incluso a veces ambos.

Para comprender mejor este aspecto, imagínese a alguien con la luna en cuadratura con mercurio. Esta persona tendrá dificultades para expresarse emocionalmente. Al principio podrían ser inarticulados o sentir que no pueden hablar de sus emociones. Ahora bien, este desafío es principalmente interno. Aunque, gradualmente, creará tensiones entre ellos y sus seres queridos porque la gente que rodea a esta persona se sentirá excluida o que no se confía en ella lo suficiente.

La carta de Ted Bundy muestra a Plutón en Leo cuadrado con Venus y Mercurio en Escorpio. Esto implica que sus relaciones llevaban una fuerte energía plutoniana y que su mente y su habla estaban fuertemente afectadas por la influencia maléfica de Plutón. Aquí Plutón provoca la muerte, tanto literal como figuradamente y promueve el secreto y la mentira.

Ejercicio:

Indique el grado del aspecto y su influencia:
1. Sol cuadrado, Neptuno.
2. Marte cuadrado IC.

Oposición ☍

La oposición también se considera un aspecto duro, ya que se produce cuando los planetas se encuentran a 180 grados de distancia. Este aspecto crea polaridad, lo que provoca decepciones, tensión y frustración.

Por ejemplo, Marte, en oposición a Venus, crea una vida amorosa apasionada con un sexo increíble, pero también provoca relaciones intensas y peleas tormentosas. Este tipo de amor dramático puede acabar agotando a la persona, que tendrá que lidiar con las violentas turbulencias de su vida amorosa.

Diana, princesa de Gales, tiene a Marte en oposición a la Luna. Esto significa que sus emociones internas estaban en constante polaridad con su impulso. A menudo dejaba de lado sus sentimientos para proteger a las personas que amaba o para completar sus objetivos. También tenía una gran necesidad de crear un espacio seguro para sí misma porque se sentía profundamente vulnerable y desprotegida emocionalmente.

Ejercicio:

Indique el grado del aspecto y su influencia:
1. Mercurio opuesto a Neptuno.
2. Venus opuesto a Plutón.

Capítulo 6: Comprender las progresiones astrológicas

La carta natal normal describe su personalidad y las circunstancias en las que nació. Explica por qué se comporta y piensa de la forma en que lo hace. Le dice en qué áreas destaca y las partes que necesitan un trabajo interior. Le muestra todo aquello con lo que nació y cómo su infancia le afectó e influyó en el moldeado de su personalidad.

Este tipo de carta natal no está diseñada para mostrarle cómo ha progresado ni para hacer un seguimiento de su crecimiento. Para eso necesita otro tipo de carta natal y, afortunadamente, existe una. Este tipo de carta natal se denomina "carta de progresión" y está diseñada para informarle de su desarrollo personal y de cómo su mente, personalidad y circunstancias vitales se irán transformando con el paso de los años.

La carta de progresión se divide en progresión secundaria y dirección del arco solar. La progresión secundaria es cuando el día se convierte en un año en la carta. Esto significa que un grado se asemejará a un día que dura un año. Los astrólogos utilizan este tipo de carta para ver más profundamente el movimiento de los planetas y comprender cómo le está afectando en la actualidad.

Un grado se asemeja a un año en la carta del Arco Solar en lugar de a un día. A través de esta carta, puede ver los cambios en los próximos 30 años o más. Puede ver cómo se mueven los planetas y el tipo de efectos que experimentará según sus colocaciones y los aspectos que crean.

Aunque ambas cartas se calculan de forma diferente y se utilizan para diversos fines, los movimientos de los planetas se calculan de la misma manera. En la carta natal tradicional, la Luna tarda 27 ½ días en completar su viaje alrededor de la carta. Sin embargo, en una carta progresada, la Luna tardará 27 ½ años en completar un viaje completo.

En este capítulo, los planetas se dividen en dos secciones: los planetas interiores y los planetas exteriores. Los planetas interiores se mueven relativamente más rápido que los exteriores. Es más probable que experimente una progresión de los planetas interiores en su vida que una progresión de los planetas exteriores.

Planetas interiores

El Sol

El Sol tarda 365 días en completar un viaje completo, lo que significa que pasa 30 días en un signo. Sin embargo, en una carta progresada, el Sol tarda 30 años en pasar de un signo a otro. Imaginemos que la esperanza de vida media de los seres humanos es de unos 90 años. Esto significa que las personas experimentarán tres signos solares diferentes a lo largo de su vida. Entonces, ¿qué significa esto? Esto rompe la narrativa de que su signo del zodiaco está estancado y nunca cambiará. Las personas se desarrollan, crecen y cambian, y este tipo de transformaciones se reflejan cuando el Sol, la identidad y el ego entran en un nuevo signo. Sin embargo, en realidad nunca pierde los rasgos de su Sol natal, sino que adquiere rasgos de identidad diferentes cuando su Sol progresado ha entrado en un nuevo signo.

La Luna

Una Luna progresada afectará al entorno emocional del signo
https://commons.wikimedia.org/wiki/File:FullMoon2010.jpg *Gregory H. Revera, CC BY-SA 3.0* <https://creativecommons.org/licenses/by-sa/3.0>, *vía Wikimedia Commons*

La Luna progresada pasará 2 ½ años en un signo. Durante estos años, su entorno emocional interno se verá afectado por el signo en el que se encuentre. Los astrólogos sugieren que sería mejor que la gente llevara un seguimiento de su Luna progresada y de cómo reacciona con su Luna natal. También sería mejor comprobar dónde cae y se exalta la Luna porque esto tendrá un gran impacto en sus emociones. Si hay un periodo en el que le resulta difícil sentir sus sentimientos o en general no está en sintonía con sus emociones, quizá quiera comprobar si la Luna está en Escorpio, ya que cuando la Luna cae en ese signo, no funciona tan bien como debería.

Mercurio

El Mercurio progresado es a menudo difícil de calcular, ya que pasa por retrógrados tres o cuatro veces al año. Por lo tanto, no es fácil hacer un seguimiento de cuántos años permanece en un signo. Este planeta es tristemente famoso por sus frecuentes retrógrados, un fenómeno en el que el planeta retrocede. Esto es algo desastroso porque tiene un poder increíble que afecta a la comunicación, el transporte y todo lo relacionado con la tecnología.

Para tomar precauciones, la gente suele prepararse antes de un retrógrado de Mercurio, por lo que se mantiene alerta en lo que se refiere al trabajo, los correos electrónicos y los coches. Por supuesto, si sufre algún ataque ocasional de "obnubilación", podría ser cosa del retrógrado.

Como consecuencia del retrógrado de Mercurio, su tiempo de tránsito se ve afectado y puede pasar entre 14 y 60 días en un signo. Eso puede parecer un poco impredecible. Sin embargo, siempre puede contar con el hecho de que nunca estará a más de dos signos del sol.

Basándose en esto, quizá quiera comprobar si su Mercurio Progresado se ha movido cada año. Cuando lo haga, estará recibiendo astrológicamente un nuevo cerebro. Descubrirá que piensa de forma diferente, que tiene una nueva perspectiva de la vida y una forma distinta de comunicarse.

Venus

La progresión de Venus cambiará un poco su vida social. Si está acostumbrado a una dinámica de grupo particular o tiene un método de socialización específico, puede esperar que cambie cuando su Venus esté en progresión.

Imagine a un Venus en Géminis progresando hacia Cáncer. Venus en progresión en Cáncer hará que el individuo se sienta cansado de socializar como lo hace un Géminis y necesitará más tiempo a solas. Esto no significa que se vuelvan introvertidos. Sin embargo, se sentirán más cómodos pasando tiempo consigo mismos y lo necesitan más que nada. En cuanto a su vida amorosa, sentirán que son más cariñosos y afectuosos y quizá se enamoren de alguien con características cancerianas.

En cuanto al retroceso de Venus, retrocede durante 42 días. Una vez que sea consciente del efecto de Venus en su vida, se dará cuenta automáticamente de cuándo está retrógrado, lo que suele ocurrir cada 18 meses. Durante esta época del año, nuestra relación con el dinero cambia. Reevaluamos cómo lo utilizamos o lo gastamos sin precaución.

Es posible que vuelva a encontrarse con viejos amantes. También podría notar un impulso repentino de enviar mensajes de texto a un ex o de ver cómo está. Esto no es necesariamente algo malo. Sin embargo, tenga en cuenta que tomar decisiones emocionales durante un Venus retrógrado puede ser brumoso y podría meterle en problemas más adelante.

Marte

Dependiendo de su colocación, Marte progresado promete nuevas oportunidades y comienzos. Durante la nueva era de su Marte, podría sentir cómo surge una nueva energía en su interior. Digamos que su Marte se encuentra en el último grado en Cáncer y se dirige hacia Leo. Una vez que se desplace hacia allí, se sentirá con más energía y sentirá que puede lograr más cosas que cuando el planeta estaba en Cáncer. Su vida sexual también puede verse afectada por esta transición. No se sabe cómo será, así que compruebe la colocación y los aspectos que tiene con su Marte natal.

El planeta retrograda cada 26 meses. Durante este tiempo, las personas suelen sentirse apagadas y pueden reprimir la ira. Por lo general, la motivación es baja y es como si uno careciera de energía e interés para hacer cualquier cosa.

Planetas exteriores

Júpiter

Júpiter progresado puede darle un lote de nueva suerte en un nuevo ámbito de la vida. Se expandirá sea cual sea el signo y la casa a la que haya viajado. Digamos que su Júpiter natal se encuentra en los últimos grados de la sexta casa y su Júpiter progresado se dirige a la séptima. Su suerte pasará de estar centrada en el trabajo a las relaciones y las asociaciones. Dicho esto, tendrá mejor suerte en lo que respecta a sus relaciones. Lo único que quizá deba vigilar es la indulgencia de este planeta. Júpiter maximiza las casas y signos en los que se encuentra y retrograda una vez al año. Por lo tanto, podría sentir el impulso de mimarse en exceso.

Los efectos del retrógrado giran en torno al comportamiento forzado y los esfuerzos no recompensados. Es posible que sienta que sus esfuerzos no han merecido la pena o que lleva un tiempo experimentando una racha de mala suerte. Es posible que experimente dificultades para viajar, bajones espirituales y que sienta que no puede aprender nada nuevo.

Por desgracia, algunas personas encuentran que su cuerpo está afligido durante esta fase. Júpiter rige los muslos, la sangre, las arterias, los pies y las caderas. Esto no quiere decir que el cuerpo vaya a sufrir durante cada retrógrado. Esto solo ocurrirá si el retrógrado de Júpiter se mezcla con un aspecto duro que pueda causar dolor o molestias en las partes del cuerpo antes mencionadas.

La buena noticia es que Júpiter tarda unos cuatro meses en volver a su movimiento normal. Así que, aunque los efectos pueden ser algo molestos, conviene recordar que esta etapa es solo temporal.

Saturno

Saturno progresado es otro planeta de movimiento lento que puede moverse o no en su carta. Sin embargo, si lo hace, experimentará nuevas lecciones vitales. Estas lecciones podrían provenir de restricciones sin precedentes en una de las áreas de su vida, pero Saturno siempre tiene una razón. Si este planeta se mueve, debe prestar atención a lo que Saturno intenta enseñarle. Puede que los efectos no sean agradables, pero son necesarios y una vez que haya aprendido las lecciones, apenas sentirá ya los efectos.

Por ejemplo, Saturno progresado pasa del ardiente Aries al terrenal Tauro. Descubrirá que ya no le ponen en situaciones en las que necesita mantener la calma, sino que empezará a tener problemas financieros. Estos problemas tienen que ver con sentirse inseguro financieramente durante esta fase.

Cuando Saturno le quita algo o le pone en situaciones difíciles, está intentando enseñarle cómo crear estas cosas por sí mismo o lograr el autodominio para que la vida no sea tan desafiante como antes.

Este planeta también se conoce como el "planeta del karma", por lo que se considera que su karma se reequilibra cuando retrograda. Esto puede ser para bien o para mal. Depende completamente de usted. Durante esta fase, es posible que experimente ansiedad por el cambio de trayectoria profesional, la seguridad financiera y las responsabilidades. También podría encontrarse reflexionando sobre sus relaciones. Los efectos de los retrógrados no pueden generalizarse porque dependen del planeta y de la casa en la que se encuentre.

Urano

Urano progresado podría provocar cambios repentinos en su vida y cerrar ciertos capítulos. Esto puede ocurrir de repente y puede alarmarle al principio, pero Urano provoca cambios tanto si son convenientes como si no. Urano se mueve muy lentamente, por lo que no hay de qué preocuparse si odia el cambio. Sin embargo, si este planeta se encuentra en los grados finales de un signo, entonces puede que quiera estar atento. Por ejemplo, si Urano está saliendo de Géminis y entrando en Cáncer, es posible que salga de casa, viaje o se aleje de su hogar ya sean personas o el propio lugar físico.

Retrograda una vez al año y esta fase dura aproximadamente cinco meses. Es posible que durante este tiempo experimente el impulso repentino de liberarse de cualquier cosa que le mantenga en su sitio. Puede que sienta que quiere deshacerse de cualquier cosa que le cause infelicidad. Si se siente atrapado en una relación, no puede comunicarse con su familia o no soporta su trabajo, podría abandonarlos durante un retrógrado. También podría sentirse extra rebelde y querrá hablar en contra de las injusticias o rebelarse contra algún tipo de sistema.

Neptuno

Neptuno progresado podría nublar su juicio o su memoria en función de su ubicación. Si Neptuno está en Piscis o Cáncer, podría hacer que desee estar cerca del agua. También podría revelar cosas de su subconsciente o recordar repentinamente cosas olvidadas hace tiempo. Con este planeta, quizá quiera comprobar sus aspectos porque Neptuno es tramposo y puede influir en esta fase de su vida en una dirección totalmente nueva.

Neptuno retrograda una vez al año y dura cinco o seis meses. Es bastante común que la gente experimente desilusión durante un retrógrado de Neptuno. La niebla que ha estado habitando su mente y sus ojos se disipará por fin y podrá ver las cosas como realmente son. Aquí es donde puede experimentar un despertar, o puede que descubra algo que le cause dolor. Sin embargo, sea cual sea su situación, intente recordar que es mejor conocer la verdad que consolarse con el engaño.

Plutón

Plutón progresado es un poco peligroso. Este planeta tiene que ver con la transformación. Sin embargo, la transformación de Plutón se produce después de pasar por una época difícil. Los temas que siguen a este planeta son la dinámica del poder, el sexo, el subconsciente, la muerte, el renacimiento y la regeneración. Por lo tanto, cuando este planeta entra en un signo diferente, puede anticipar el tipo de transformaciones por las que va a pasar. Puede prever las situaciones problemáticas en las que podría acabar. Recuerde comprobar sus aspectos de Plutón Progresado con los demás planetas.

Imagínese a su Plutón Progresado saliendo de Leo y entrando en Virgo para entenderlo mejor. Esto le indica que todo lo que rodea a su ética laboral, su carrera, su servicio y su forma de ayudar a los demás está a punto de cambiar. Puede saber si es para mejor o para peor comprobando sus aspectos con sus planetas natales, tránsitos y otros planetas progresados.

Plutón retrograda durante cinco meses una vez al año. Durante este tiempo, las personas atraviesan emociones difíciles. Tendrá la sensación de que hay mucho que descubrir, sobre todo si las cosas se han mantenido en la oscuridad. El retrógrado saca a la luz secretos, agudiza emociones difíciles y pone de relieve áreas problemáticas en la vida de un individuo.

Quirón

Quirón es otro planeta menor de movimiento lento, lo que significa que tardará muchos años en cruzar a otro signo. Sin embargo, si su Quirón se encuentra en el grado 29, no tardará mucho en pasar a otro signo.

Quirón progresado le ofrece una nueva forma de curar sus heridas. Puede iluminar un nuevo camino que nunca ha explorado. También puede sacar a la luz una herida diferente de la que no era consciente.

Quirón retrograda durante cuatro o cinco meses al año. La retrogradación de Quirón trae consigo la introspección, el aislamiento y la autorreflexión. Es ahí cuando quiere aislarle, pero le proporciona un tiempo muy necesario para estar consigo mismo y atiende a sus necesidades emocionales.

Capítulo 7: Tránsitos de planetas exteriores

Los planetas se mueven a diferentes velocidades, algunos orbitan alrededor del sol más rápido que otros. En Astrología, los planetas se dividen en dos secciones según su ritmo. En este capítulo, aprenderá sobre los planetas exteriores. Estos planetas han obtenido esta etiqueta debido a su ritmo significativamente más lento.

Puede que esté pensando, ¿por qué debería preocuparse por la velocidad de los planetas si no cambian sus colocaciones en las cartas natales?

Tiene razón; sus planetas no cambian de colocación en su carta natal. Sin embargo, cuando compruebe sus tránsitos, descubrirá que cambian constantemente de signo, casa y aspecto.

Cuando comprueba sus tránsitos, ve cómo se mueven los planetas en la vida real y cómo interactúan con sus planetas natales. Estos tránsitos afectan a su vida cotidiana; pueden influir en su estado de ánimo y en su experiencia de ciertos acontecimientos vitales.

Júpiter

Júpiter en tránsito pasa aproximadamente 1 año en un signo, lo que significa que tarda 12 años en volver a su colocación natal. Al viajar por los signos, este planeta está destinado a crear algunos aspectos. Estos aspectos suelen durar unas tres semanas más o menos.

Júpiter es conocido por traer buena fortuna, por lo que la gente suele esperar acontecimientos vitales emocionantes durante su estancia en cualquiera de los signos. Este planeta promete expansión, nuevas oportunidades y experiencias de viaje. La fortuna con la que será bendecido puede diferir en cada ocasión debido a los distintos signos y casas en los que aterrizará. Por lo general, este planeta propicia acontecimientos afortunados, pero no siempre es así.

Varios factores dictan lo que Júpiter le va a deparar. No es tan sencillo como estudiar su influencia bajo uno de los signos. También hay que fijarse en el signo, la casa, los aspectos de los planetas natales y en tránsito y la naturaleza del tránsito. Algunos tránsitos son solo tránsitos, simple y llanamente. Pero a veces, el tránsito es un retorno de Júpiter o incluso un retrógrado.

Un retrógrado de Júpiter es cuando el planeta retrocede cada nueve meses y permanece en esta fase durante cuatro meses. Un retorno de Júpiter es cuando el planeta vuelve a su emplazamiento natal. Cuando experimente este fenómeno, puede prepararse para una nueva aventura. Esta colocación significa que está a punto de embarcarse en un nuevo capítulo de su vida. Júpiter pasará página para usted y, al crear aspectos como la cuadratura y la oposición, le planteará algunos retos. Estos retos están diseñados para que usted pueda crecer y convertirse en la persona que Júpiter ha estado manifestando.

Saturno

Saturno tarda 29 años y medio en volver a su emplazamiento original, lo que significa que pasa dos años y medio en un signo. Este planeta es significativamente pesado, por lo que seguramente sentirá su influencia cada vez que se mueva.

Hay signos reveladores cada vez que el planeta transita a un signo diferente. Puede que se sienta agotado o que le falte energía para hacer cualquier cosa. También puede sentir que no reacciona emocionalmente, que nada es lo bastante excitante o que todo le parece soso, sobre todo si el planeta ha creado aspectos con otros planetas. Normalmente, estos aspectos, buenos o malos, duran seis semanas. Por supuesto, si estos aspectos se crean con el sol o la luna, no durarán tanto.

Comprender lo que Saturno quiere de usted le ayudará a vivir las dificultades. Este planeta quiere responsabilidad, dedicación y un sentido de seriedad hacia usted mismo, su carrera, sus relaciones y su trayectoria vital.

Podría sentirse excepcionalmente frustrado, agotado y cansado durante estos tránsitos. Una de las cosas que podrían ayudarle es saber que el planeta está intentando crear las atrocidades que le obligarán a ponerse las pilas en su vida.

Existe la idea errónea de que Saturno solo se ocupa de la vida profesional, pero eso no podría estar más lejos de la realidad. Su Saturno natal le revelará con qué está más preocupado. Comprender eso le ayudará a entender los tránsitos del planeta y los aspectos que crea. Con el tiempo, comprenderá lo que se le pide y hacia dónde debe canalizar su energía.

Responder a las llamadas de Saturno es muy importante porque cada retorno de Saturno le pondrá a prueba. Como ya se ha mencionado, el retorno de Saturno se produce cada 3 años. Por lo tanto, cumplir con las llamadas de Saturno le ayudará enormemente cuando Saturno regrese a su posición natal.

Urano

Cuando está en tránsito, el planeta permanece en un signo durante unos 7 años. Urano es uno de los planetas más fuertes, tanto que puede sacudir toda su vida. No es raro que los tránsitos de este planeta le desorienten por completo y desorganicen su vida.

Nunca puede malinterpretar los tránsitos uranianos. Cada vez que viaja a un signo diferente, es posible que sienta un profundo deseo de salir de ciertas situaciones, ser alguien diferente o simplemente rebelarse. Esto podría crear cierta tensión y frustración en su interior, no luche contra ello ni lo ignore.

Cuando experimenta un tránsito uraniano, se le está pidiendo que cambie. Sin embargo, a veces el planeta no espera a que usted haga un movimiento y le obliga a entrar en la situación. Aquí es donde se le pide que improvise y saque lo mejor de la situación.

Las situaciones uranianas no siempre son fáciles o divertidas de afrontar, pero crean un entorno en el que por fin podrá brillar. Estas situaciones pueden parecerle salidas de la nada o que no le convienen, pero eso no podría estar más lejos de la realidad.

Este planeta representa el lado de usted que quiere romper con la tradición, ansía la libertad y se esfuerza por innovar. Usted tiene un lado rebelde que Urano iluminará. Aunque crea que no tiene estas cualidades en su interior, las tiene, pero los aspectos y tránsitos uranianos podrían no hacer más que activarlas.

Hablando de aspectos, los aspectos de este planeta son efectivos durante tres meses y disminuyen una vez finalizado ese periodo. Urano crea una oposición alrededor de los 42 años. Suele tratarse de la fase de "crisis de los cuarenta" que atraviesan los seres humanos. Si desea saber más sobre este tema, compruebe sus tránsitos de Urano para cuando tenga 42 años y compruebe su aspecto de oposición.

A través de este tránsito, podrá saber más sobre su crisis de los cuarenta y cómo será. ¿De qué se separará y de qué manera? Es normal anticiparse a este periodo, por lo que consultar su carta natal puede aliviar sus preocupaciones.

Otra cosa a tener en cuenta es que el planeta no quiere romper su vida sin motivo. Usted debe pasar por esta experiencia para crecer plenamente.

Neptuno

Neptuno cambia de signo cada 14 años y el tipo de aspectos que crea duran unos dos años. Los tránsitos neptunianos pueden sentirse como si una ola acabara de golpearle, o pueden ser muy sutiles. Si está atravesando un tránsito fuerte, usted tal y como se conoce e incluso su vida entera podría cambiar drásticamente.

Este planeta está fuertemente ligado a la conciencia y las experiencias espirituales. Algunas personas empiezan a cuestionar sus creencias y se quedan en el limbo. Ya no están seguras de en qué o en quién creer y sienten como si lo inquebrantable se les hubiera escapado.

Otros experimentan un despertar espiritual por primera vez en su vida. Empiezan a considerar su lugar en el mundo de forma diferente y a ver a todos y a todo bajo una luz completamente distinta.

Otra cosa que puede experimentar durante esta fase es desorientación. Puede que se sienta un poco olvidadizo y perdido durante este tiempo. Entrará en una habitación y olvidará a qué ha venido, extraviará objetos y olvidará dónde los vio por última vez. También podría estar perdido en sentido figurado, como perdido en la vida y no parecer que pueda encontrar su dirección o el camino que se supone que debe seguir.

Es posible que durante este tiempo quiera hacer frente a la situación escapando de su vida. Podría pasar la mayor parte del tiempo viendo programas de televisión, distrayéndose con la vida de los demás, o cualquier escapismo que le parezca a usted. Su energía física también podría ser baja durante este tiempo. Levantarse y presentarse a su trabajo, tareas y quehaceres podría parecerle más desafiante y levantarse de la cama solo será un logro.

Sin embargo, no se sentirá así todo el tiempo. Podría afectarle cuando Neptuno esté entrando o saliendo de un signo. Otra cosa a la que debe prestar atención es a los aspectos que pueda hacer el planeta. Estúdielos para saber cómo prepararse adecuadamente.

Plutón

Plutón es un planeta excepcionalmente lento, por lo que puede permanecer entre 14 y 30 años bajo un mismo signo. Tampoco está claro cuánto duran los aspectos plutonianos, pero tardan unos años en perder su efecto.

Este planeta es conocido principalmente por tener una energía intensa y transformadora. La mayoría de los astrólogos pintan a Plutón bajo esa luz, pero el peaje de esa transformación no se discute tanto como debería.

Siempre que este planeta está en tránsito y viaja a un signo diferente, toda su vida casi se desmorona porque necesita cambiar o crecer más para convertirse en la persona que está destinada a ser. Esto puede ser una experiencia positiva, pero no es fácil. Es una de las experiencias más pesadas por las que puede pasar. Todo lo que ha construido y todas las ideas que tenía sobre usted mismo caen al suelo. El planeta le pide que recoja los pedazos y construya su vida desde cero porque así es como le hará crecer.

Esto es bastante aterrador y cada persona tiene una experiencia diferente con este planeta, por lo que nunca podrá saber con seguridad cómo será su experiencia. Para predecir su experiencia plutoniana, compruebe el signo y la casa en la que estará y estudie sus aspectos con los planetas natales y en tránsito.

Los astrólogos explican que Plutón en tránsito pasa por tres etapas. Comienza con una sensación de perturbación general. Le parecerá que todo trabaja en su contra o que no puede hacer nada bien. Le seguirá un periodo de confusión. Sentirá que no sabe qué está causando esta perturbación y no sabrá cómo solucionarlo. La etapa final es el nuevo yo. Este nuevo usted no siempre será una persona más madura, sino que puede ser cualquier cosa en función de cómo haya manejado esta difícil situación.

Capítulo 8: Tránsitos planetarios interiores

Ahora que ya conoce los tránsitos planetarios exteriores, es hora de que se familiarice con los tránsitos interiores.

Los planetas interiores se mueven a un ritmo mucho más rápido que los exteriores. Por eso, la mayoría de los astrólogos siguen sus movimientos con más frecuencia que los de los planetas exteriores.

Tomemos como ejemplo los cuerpos luminosos. Se mueven todos los días, lo que significa que usted se ve afectado constantemente por sus grados y aspectos siempre cambiantes. Afectan a su estado de ánimo, su perspectiva y mucho más.

El Sol

El sol se mueve un grado cada día y aterriza en un signo nuevo cada mes. El sol representa su ego, su autopercepción y su identidad. Cuando su sol en tránsito crea aspectos con otros planetas, su sentido del yo se ve afectado. Normalmente, estos aspectos duran un máximo de tres días. Sus efectos no se dejan sentir con fuerza, pero aun así puede sentirlos. Estos aspectos son más sutiles y, aunque le afectan, pueden sacudirse fácilmente.

Si quiere mantenerse al día con su tránsito solar, tendrá que comprobarlo con frecuencia a lo largo de la semana. Podría pensar que no es necesario, ya que su influencia no es tan fuerte. Tiene razón y sus aspectos no le barrerán la alfombra de debajo como los planetas exteriores. Sin embargo, creará aspectos a diestro y siniestro debido a su rapidez. Esto significa que se enfrentará a aspectos diferentes a diario.

Dependiendo de sus aspectos, su Sol en tránsito podría hacerle sentir que no está contento con su estado actual en la vida. Quizá su posición profesional, los muebles de su casa, su coche, su cara, su cuerpo, sus relaciones, etc. Cualquier cosa relacionada con quién es usted como persona o que refleje su ego podría estar en entredicho con su sol de tránsito.

Esto no significa que vaya a estar en un estado constante de insatisfacción consigo mismo y con su vida, pero estas son solo algunas de las cosas que podría experimentar.

Más aspectos creados por su sol de tránsito le harán sentir que está por encima de todo en la vida. Por tanto, depende de los aspectos; puede comprobarlos rápidamente de vez en cuando.

La Luna

La luna se mueve mucho más rápido que el sol y viaja a un nuevo signo en un plazo de dos a dos días y medio. Este cuerpo luminoso afecta a sus emociones y con su gran velocidad, puede entender por qué sus sentimientos cambian constantemente.

La Luna también representa su hogar, su familia y su comunidad. Los representa en sentido literal y figurado. Los movimientos de la luna influyen incluso en la idea de hogar o familia. También influye en sus hábitos inconscientes y en el tipo de decisiones que toma cuando está en piloto automático.

Los aspectos de su tránsito lunar pueden afectarle hasta cierto punto, dependiendo de lo fuertes que sean. Por ejemplo, si ha tenido dificultades emocionales para levantarse y hacer algo, una luna en tránsito en Aries puede ayudarle. Aries tiene que ver con ser proactivo, por lo que una luna en Aries podría ayudarle con su desmotivación o falta de energía.

Mercurio

El planeta de la comunicación y la intelectualidad pasa tres semanas en cada signo. Por tanto, también puede esperar que haga muchos aspectos, pero solo durarán dos días más o menos.

Uno de los aspectos a los que quizá quiera prestar atención es el Mercurio en tránsito a Mercurio natal. Algunos aspectos pueden nublar su pensamiento y otros pueden elevar sus facultades mentales.

El tránsito de Mercurio no solo afecta a su pensamiento; también puede influir en su comunicación, escritura, lectura y percepción del mundo. Algunos aspectos desafiantes pueden enturbiar su habla o volverle inarticulado. Estos aspectos suelen desaparecer en unos días. Sin embargo, no conviene que inicie una discusión, mantenga una conversación seria o firme contratos cuando atraviese un aspecto difícil de Mercurio.

Otros tránsitos pueden atraer su curiosidad. Es posible que durante este tiempo marque artículos intrigantes, compre libros nuevos y entable conversaciones con todos los que le rodean.

Es bastante fácil seguirle la pista a este planeta. Todo lo que tiene que hacer es comprobar su signo, su casa y sus aspectos con los planetas en tránsito y natales.

Venus

El planeta del amor y el placer pasa unos 18 días en un signo zodiacal y sus aspectos duran 2 días. El tránsito de Venus afectará a sus relaciones ya sean amistades íntimas o casuales. También afectará a su sentido del placer, por lo que un día podría sentir deseos de ir a un lugar elegante y apreciar su entorno. Otros días, es posible que quiera estar inmersa en un lugar acogedor, hundida en el sofá, comiendo comida para llevar y viendo sus programas de televisión favoritos con sus seres queridos.

No necesita comprobar su Venus con tanta frecuencia como los cuerpos luminosos. Sin embargo, es posible que quiera comprobar los aspectos que crea. Sobre todo, si siente que algo no va bien en su vida amorosa y social.

También necesita saber cómo afecta su Venus en tránsito a su Venus natal. A veces, su vida amorosa puede sentirse rara con aspectos difíciles, como la oposición o la cuadratura. Puede que se muestre demasiado cerrada o fría. Puede sentir que no soporta a su pareja, o quizá sea más propenso a las discusiones.

Los aspectos más suaves, como la conjunción, el trígono o el sextil, pueden aportar una sensación más armoniosa a su relación. Quizá quiera prestar atención a los aspectos de conjunción porque, por ejemplo, su tránsito con Venus podría conjuntarse con Plutón. En ese caso, su relación podría atravesar un fuerte periodo de transición.

Marte

Los tránsitos de Marte son complicados
https://commons.wikimedia.org/wiki/File:A_Dust_Storm_on_Mars.jpg: NASA Hubble, CC BY 2.0 <https://creativecommons.org/licenses/by/2.0>, vía Wikimedia Commons

Marte es el más lento de todos los planetas interiores, por lo que permanece en un signo durante unos dos meses y sus aspectos duran alrededor de una semana.

Marte en tránsito es complicado porque le da energía, pero puede volverle irascible y algo peleón. Por ejemplo, si este planeta está transitando por su casa 3 u 11, es posible que sienta el impulso de pelearse con sus hermanos, ya que estas casas los representan.

Marte tiene un efecto similar cuando crea un aspecto con su Sol natal. Puede sentirse más enfadado de lo habitual y es más propenso a las rabietas o a iniciar una discusión agresiva.

Cuando Marte en tránsito tiene aspectos más suaves, puede sentir que tiene más energía. Puede notarse más proactivo y dispuesto a iniciar proyectos y terminarlos. También puede terminar tareas en poco tiempo y tener más energía para terminar más.

También puede sentir más energía masculina surgiendo a través de usted, así que cuando sienta eso, comprenda que es obra de su Marte en tránsito. Este planeta también influye en su vida sexual junto con su libido. Así que puede sentirse más activo o inactivo durante este tiempo, dependiendo de los aspectos del planeta.

Capítulo 9: Lectura de una carta astrológica

¡Enhorabuena! Ha llegado hasta aquí. Lo sabe todo sobre los signos del zodiaco, los planetas, las casas y los aspectos. Conoce bien las distintas energías que portan, cómo le influyen y cómo crean determinados acontecimientos de la vida.

Notará que los conocimientos que ha acumulado surten efecto cuando intente interpretar su carta natal. Puede que aún no sepa cómo hacerlo, pero cuando termine de leer este capítulo, empezará a comprender cómo funcionan las interpretaciones astrológicas.

La carta natal

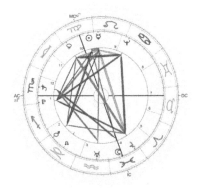

Ejemplo de carta natal
https://commons.wikimedia.org/wiki/File:Goethe_Natal_Chart.png

Puede que aún no esté acostumbrado a leer una carta natal, pero descubrirá que es el mejor maestro, aunque todavía no lo entienda todo sobre ella. Por eso le recomendamos que tenga su carta natal abierta mientras lee este capítulo, para comprenderla mejor.

Estos son los pasos que debe seguir para obtener su carta natal. Vaya a astro.com. Encontrará una pestaña a la izquierda junto a la pestaña "Horóscopos"; haga clic en ella. A continuación, haga clic en "Horóscopos gratuitos". Haga clic en "Cartas y datos", lo que abrirá otro menú con diferentes selecciones. En esa selección, haga clic en "Selección ampliada de cartas".

El sitio web le llevará a una nueva página con usuarios invitados y visitantes. Haga clic en "Usuario invitado" y rellene sus datos. Encontrará una pestaña emergente que le pedirá que ponga su hora de nacimiento mientras lo hace. Puede preguntar a cualquier miembro de la familia si sabe exactamente cuándo nació usted. Cuando tenga esa información, siga adelante y rellénela.

El sitio web le llevará a una nueva página, desplácese hacia abajo y haga clic en "Opciones para zodíaco y casas". Busque "Sistema de casas" y haga clic en "Placidus". Desplácese más abajo y seleccione "Opciones de visualización y cálculo", después haga clic en "Nodo verdadero" y "Nodo descendente". Desplácese de nuevo hacia abajo y busque "Aspectos", después haga clic en "a Quirón" y "a todos los objetos". Por último, seleccione "Objetos adicionales" y seleccione "Lilith". Cuando haya terminado, seleccione "Haga clic aquí para mostrar la carta".

Lectura de la carta natal

¡Bienvenido a su carta natal! Encontrará un gran círculo que está dividido en 12 casas. Dentro de estas casas, puede encontrar símbolos para los planetas. Puede consultar el capítulo 2 o ir al glosario para entender qué planetas corresponden a qué símbolos. También observará los signos del zodiaco en la circunferencia del círculo.

Como habrá observado, cada signo se alinea con una casa determinada y estas casas pueden contener o no algún planeta; esto es normal. Si tiene tres o más planetas en la misma casa, esto se llama un "Stellium". Significa que una de sus casas está influida por varias energías planetarias.

Una forma fácil de leer su carta es mediante un sistema binario. Leerá las casas opuestas entre sí, de forma que pueda comprender rápidamente lo que representa cada casa e interpretarlo sobre la marcha. Recuerde que todas las casas tienen múltiples significados, así que asegúrese de volver a consultar el capítulo tres para tener un buen conocimiento de las energías que contiene cada casa.

Empiece por su ascendente, que se encuentra en la cúspide de la primera casa. Frente a él, encontrará el descendente, que está en la cúspide de la séptima casa. La primera casa es el yo, lo que significa automáticamente que la séptima casa son los demás. Si tiene algún planeta en la primera casa, comprenda que afecta a su autopercepción. Si tiene planetas en la séptima casa, estas energías afectan a sus relaciones con los demás ya sean relaciones íntimas, amistades o conocidos.

Preste atención a su signo ascendente y aprenda más sobre el planeta que lo rige. Por ejemplo, si su AC está en la cúspide de Tauro, entonces Venus tiene el regente aquí. ¿Por qué es importante?

En astrología, el planeta que rige el signo AC es también el planeta que tiene el gobierno sobre su carta natal. Esto significa que a usted le afecta mucho ese planeta específico y sentirá mucho los aspectos de su Venus natal ya sean buenos o malos. La misma lógica se aplica cuando el planeta está en tránsito o retrógrado.

A continuación, puede pasar a la segunda casa, que representa los recursos personales. Opuesta a la segunda casa está la octava, que representa los recursos compartidos. Si no tiene ningún planeta en la segunda casa, no se preocupe. No significa que no tenga propiedad sobre su dinero o que vaya a atravesar dificultades financieras. Si desea comprender mejor sus finanzas a través de la astrología, compruebe el signo en la cúspide de su segunda casa, la décima casa y Tauro y Venus, ya que están asociados con el dinero.

Ahora puede ver que la tercera casa, opuesta a la novena, está relacionada con su comprensión cognitiva y el pensamiento abstracto. Luego puede pasar a la cuarta casa y a la décima, que representan sus raíces y su destino en esta vida. También encontrará el IC en la cúspide de la primera casa y el MC en la cúspide de la décima.

Ahora comience a observar su quinta casa, que representa su creatividad interior, el placer y los niños. Frente a ella, encontrará la undécima casa, que representa a los hijos adoptivos y sus amistades y vida social.

Las últimas casas que examinará ahora son la sexta y la duodécima. La sexta trata del servicio a los demás ya sea a través de nuestro trabajo o ayudando al público en general. La duodécima está más entre bastidores y más conectada con el subconsciente y la acción entre bastidores.

Lecturas complementarias y notas generales

Leer una carta natal puede resultar complicado al principio, pero le resultará más fácil cuanto más practique. He aquí algunos consejos que le ayudarán a empezar.

Puede resultarle significativamente útil anotar las áreas de la vida representadas por cada casa. También, una opción es volver al capítulo cuatro y resumir cada casa. Puede utilizar palabras clave para ayudarse con ello. Por ejemplo, la casa 1 es la casa del yo. La 2ª casa es la casa de los recursos personales y así sucesivamente.

Puede hacer lo mismo con los signos del zodiaco y los planetas. Esto le ayudará a descifrar su carta astral en muy poco tiempo.

Una de las cosas que pueden ayudarle con su interpretación es dedicar unas páginas a cada una de las casas. Empiece por la primera casa y anote su signo zodiacal y los planetas que contiene esta casa. Si hay planetas en esta casa, es esencial conocer sus aspectos en relación con otros planetas.

Este puede ser un proceso interminable porque cuanto más aprenda, más cosas nuevas encontrará para anotar. Es importante que lleve un registro de sus notas y las amplíe cada vez que aprenda algo nuevo.

También es vital que lleve un registro de sus progresos si quiere ser un astrólogo avanzado porque, con el tiempo, verá lo lejos que ha llegado en comparación con cuando empezó este viaje. Esto le ayudará a ganar confianza en sus habilidades y a aumentar su ritmo a la hora de interpretar la carta natal de cualquier persona.

Encontrará un determinado signo zodiacal en la cúspide de cada casa. Este signo zodiacal le indica cómo se comporta usted con la energía de la casa. Por ejemplo, digamos que usted ha tenido a Virgo en la cúspide de su undécima casa. Esto significa que le gusta ayudar a sus amigos y en sus amistades, su función es la de ayudante y sus amigos dependen de usted cuando necesitan ayuda. Otro ejemplo es si tiene Capricornio en su primera casa, esto podría significar que no se siente cómodo compartiendo sus sentimientos vulnerables y puede que haya salido de una casa en la que le llamaban a menudo y no le prestaban atención.

También encontrará varias líneas en el centro de su carta natal, los aspectos tratados en el capítulo cinco. Para comprobar sus aspectos en profundidad, seleccione "Tablas adicionales". Verá cada aspecto de todos los planetas. He aquí cómo puede leerlos. Imagine un aspecto Mercurio trígono Venus. Esto significa que usted es encantador y tiene buenas habilidades sociales. También significa que se le da bien la comunicación y que suele saber qué decir.

Otro ejemplo sería un Marte cuadrado a Saturno. Esto significa que probablemente creció rodeado de muchas críticas o soportó una disciplina estricta. Esto conlleva problemas con la auténtica autoexpresión y que Saturno obstaculice la energía de Marte en usted. Es posible que tema el éxito y tenga dificultades para perseguir lo que necesita o desea.

Vuelva a la pestaña de la carta natal y seleccione "+ Con tránsitos". Esta pestaña le mostrará todos sus planetas en tránsito, dónde se encuentran y sus aspectos con sus planetas natales. Puede leer estos aspectos seleccionando "Tablas adicionales", excepto que tendrá tres tablas. Una es para sus planetas natales, otra es para sus planetas en tránsito y la tercera es para los aspectos entre sus planetas natales y en tránsito.

Recuerde que los efectos de los tránsitos no duran, así que cuando estudie los tránsitos que está experimentando o experimentará, asegúrese de anotar su duración. Otra cosa que podría ayudarle con esto es llevar un diario de cómo se siente durante este tránsito.

Reconocer sus emociones durante un tránsito suave o agitado puede permitirle predecir cómo será un tránsito similar en el futuro. Observe los acontecimientos de la vida que está experimentando a través de este tránsito y fíjese en su experiencia emocional.

He aquí algunas preguntas útiles para empezar. ¿Cómo me siento durante este tránsito? ¿Qué tipo de acontecimientos vitales estoy experimentando ahora? ¿Cómo estoy reaccionando ante estos acontecimientos vitales?

Asegúrese de que tiene el planeta en tránsito en la parte superior de la página, en qué signo y casa está transitando y el tipo de aspectos que tiene. A continuación, escriba la duración del tránsito y la duración de los aspectos. Esto le dará una idea más clara de a qué se enfrenta y le ayudará a estar emocionalmente preparado para tránsitos similares.

Capítulo 10: Retornos solares y lunares

Retorno solar

Usted ha estado celebrando su retorno solar todos los años sin saberlo. Un retorno solar es cuando el sol vuelve a la posición exacta en el momento de su nacimiento.

El sol representa su ego y su identidad, por lo que con un retorno solar es como si le dieran la bienvenida a un nuevo usted. No cambiará de la noche a la mañana, pero puede considerarlo como el comienzo de un nuevo capítulo.

Puede comprobar rápidamente su revolución solar añadiendo su ubicación, hora y fecha de nacimiento a una página web que la calcula por usted.

También es mejor ver su carta de revolución solar completa porque es una previsión para todo el año, al menos hasta su próxima revolución solar. Observará que todos los planetas se encuentran en distintas colocaciones. Los planetas estarán en diferentes signos y casas, e incluso su ascendente será diferente.

Esta carta puede indicarle los temas que experimentará durante su nuevo año. Debe estudiar las colocaciones y aspectos de estos planetas y comprender lo que significarán para usted. Intente interpretar sus colocaciones en la medida de lo posible para prepararse para lo que está por venir.

También puede aprender mucho sobre cómo cambiará su identidad a lo largo del año y los retos a los que se enfrentará.

Retorno lunar

El retorno lunar es un fenómeno cósmico que experimenta cada mes. Como ya hemos mencionado, la luna se mueve a un ritmo relativamente rápido, por lo que cada mes regresa a la posición exacta de su luna natal. Digamos que usted es una luna Libra de grado 26. Cuando experimenta un retorno lunar, significa que actualmente, la Luna en tránsito se encuentra en el mismo signo y grado que la fase lunar bajo la que usted nació.

Los astrólogos afirman que los retornos lunares le dan la claridad necesaria para experimentar una autorreflexión emocional honesta. Recomiendan llevar un diario y profundizar en cómo se ha sentido últimamente y conectar con usted mismo. Intente evitar huir de sus emociones o sentimientos desagradables durante este tiempo porque, aunque sean desagradables, le seguirán dando la recompensa de la claridad emocional.

También puede indagar más en sus hábitos inconscientes. Si se ha sentido infeliz por su relación con la comida y por cómo utiliza su tiempo, puede reflexionar sobre estos temas durante este momento del mes.

Después de haberse hecho el servicio de la autorreflexión bajo la influencia lunar, quizá note que puede tomar decisiones más conscientes y saludables en su vida cotidiana.

Puede calcular su retorno lunar utilizando Astro.com u otras aplicaciones y sitios web astrológicos. Tiene que añadir la hora y la fecha de nacimiento y el lugar exacto en el que nació. La página web le mostrará el momento exacto de su retorno lunar y el tipo de aspectos que experimentará entonces.

La diferencia

El retorno solar tiene que ver con su identidad y personalidad, mientras que el retorno lunar está más orientado a las emociones y más conectado con su subconsciente.

Ahora, eche un vistazo a sus cartas solar y lunar. Observará que los planetas están repartidos de forma diferente por su carta natal, ¿qué significa eso? ¿Cómo le afectarán estas colocaciones durante este año?

Los planetas solares representan todo lo que tiene que ver con su personalidad, así que digamos que tiene a Plutón en la séptima casa de su carta solar. Esto significa que se experimentará a sí mismo a través de las relaciones con los demás. Puede ser a través de relaciones íntimas, amistades, conocidos, etc. También significa que pasará por una experiencia transformadora. Puede que cambie su forma de tratar a los demás, o puede que se mire con lupa a sí mismo y cambie las cosas que no aprecia de su forma de relacionarse con los demás.

La misma lógica puede aplicarse a su carta de retorno lunar. Si tiene a Plutón en la sexta casa, es posible que sienta que está malgastando demasiada energía en su trabajo o en el servicio a los demás y ha llegado el momento de desplazar esa energía hacia usted mismo. Se sentirá agotado y necesitará darse más amor y atención a sí mismo.

Una carta solar es como una previsión anual, mientras que una carta lunar es una previsión mensual. Puede estudiar el tipo de temas que experimentará en relación con su identidad y emocionalmente a través de ambas cartas.

Glosario de glifos

En este capítulo extra, podrá encontrar todos los glifos mencionados a lo largo de este libro. Puede consultar esta sección cuando esté estudiando o interpretando su carta natal.

Aspectos

Aspectos principales

1. Conjunción: ☌
2. Trígono: △
3. Sextil: ✶
4. Cuadratura: ☐
5. Oposición: ☍

Puntos geométricos

1. Luna negra Lilith: ⚸
2. Nodo Norte: ☊
3. Nodo Sur: ☋

Cuerpos luminosos

1. Sol: ☉
2. Luna: ☾

Planetas

1. Mercurio: ☿
2. Venus: ♀
3. Marte: ♂
4. Júpiter: ♃
5. Saturno: ♄
6. Urano: ♅
7. Neptuno: ♆
8. Plutón: ♇
9. Quirón:

Puntos en la carta natal

1. Ascendente: AC
2. Descendente: DC
3. Coeli medio: MC
4. Imum Coeli: IC

Signos

1. Aries ♈
2. Tauro ♉
3. Géminis ♊
4. Cáncer ♋
5. Leo ♌
6. Virgo ♍
7. Libra ♎
8. Escorpio ♏
9. Sagitario ♐
10. Capricornio ♑
11. Acuario ♒
12. Piscis ♓

Conclusión

A lo largo de los siglos, la astrología ha sido la práctica central que ha desempeñado un papel importante en la espiritualidad de la humanidad. Cuanto más aprendía la humanidad sobre ella, mayor era su comprensión. Los humanos no tropezaron con el arte de la Astrología predictiva en un solo día y tardaron siglos en desarrollar este conocimiento.

La Astrología predictiva añade profundidad a su vida. No se trata solo de saber lo que puede ocurrir dentro de una semana o un mes. Se trata más bien de los retos a los que se enfrentará, del crecimiento que experimentará y de alcanzar la versión más pura de sí mismo.

A través del conocimiento de la Astrología y la Numerología, aprende más sobre su camino en esta vida. Comprende lo que necesita superar y ajustar en su carácter o en su vida para estar en el camino más adecuado para usted. Gana perspectiva y alcanza un nivel superior de conciencia con solo absorber este tipo de conocimientos.

Las energías que portan los cuerpos planetarios influyen en su vida de forma significativa ya sea a través de los acontecimientos vitales, de cómo nació o del tipo de hogar en el que creció. Todo lo que experimenta en la vida está influido por todas las energías que le rodean, incluido el poder de los números.

La numerología revela la naturaleza de las energías ocultas que residen en su interior. Estas energías afectan a sus rasgos y conforman su personalidad única. Son lo que le hace destacar y la razón de su inexplicable resistencia, perseverancia o bondad. Los números también portan energías que se corresponden con su trayectoria vital, por lo que una vez que averigüe su camino, la carretera que tiene por delante le parecerá más clara y sabrá hacia dónde dirigirse.

El poder de la astrología y la numerología es real, así que utilícelo sabiamente ya sea para ayudarse a sí mismo o a un ser querido. Recuerde que cuanto más practique la lectura de cartas natales, más fácil le resultará, por lo que la práctica en este punto es fundamental. Una vez que domine sus habilidades, comprenderá mejor cómo influye el universo en su vida y trabajará con él, no contra él.

Vea más libros escritos por Mari Silva

Su regalo gratuito

¡Gracias por descargar este libro! Si desea aprender más acerca de varios temas de espiritualidad, entonces únase a la comunidad de Mari Silva y obtenga el MP3 de meditación guiada para despertar su tercer ojo. Este MP3 de meditación guiada está diseñado para abrir y fortalecer el tercer ojo para que pueda experimentar un estado superior de conciencia.

https://livetolearn.lpages.co/mari-silva-third-eye-meditation-mp3-spanish/

Referencias

Cunningham, D. (1993). Moon Signs: The Key to Your Inner Life. Ballantine Books.

G. (2014). Depth Astrology: An Astrological Handbook, Volume 3--Planets in Houses. Independently published.

Kent, E. A. (2015). Astrological Transits: The Beginner's Guide to Using Planetary Cycles to Plan and Predict Your Day, Week year (or Destiny). Fair Winds Press.

Ma, R. K. B. (2007). Llewellyn's Complete Book of Astrology: The Easy Way to Learn Astrology (Llewellyn's Complete Book Series, 1). Llewellyn Publications.

March, M. D., & McEvers, J. (2008). The Only Way to Learn Astrology, Volume 1, Second Edition (2nd ed.). ACS Publications.

McQuillar, T. L. (2021). Astrology for Mystics: Exploring the Occult Depths of the Water Houses in Your Natal Chart. Destiny Books.

Sasportas, H., & Greene, L. (2009). The Twelve Houses. LSA/Flare.

Sears, K. (2016). Astrology 101: From Sun Signs to Moon Signs your Guide to Astrology (Adams 101). Adams Media

Printed in the USA
CPSIA information can be obtained
at www.ICGtesting.com
LVHW022007200923
758629LV00003B/115